A PRESENÇA
DE DEUS

RICHARD SIMONETTI

A PRESENÇA DE DEUS

CEAC
EDITORA

Dados Internacionais de Catalogação na Publicação (CIP)
(Câmara Brasileira do Livro, SP, Brasil)

S598p

     Simonetti, Richard, 1935 -
        A presença de Deus / Richard Simonetti;
     capa Milton Puga. -- 2ª ed. -- Bauru, SP: CEAC,
     1999.

        1. Deus - Existência 2. Espiritismo 3. Presença de Deus 4. Vida espiritual I. Título

96-2386   CDD-133.901

Índices para catálogo sistemático:
1. Deus: Existência: Doutrina espírita 13.901

8ª Edição – abril de 2015
1.000 exemplares
49.001 a 50.000

Copyright 1998 by
Centro Espírita Amor e Caridade
Bauru (SP)

Edição e Distribuição

CEAC – Editora
Rua 7 de Setembro, 8-56
Fone/Fax (14) 3227-0618
CEP 17015-031 – Bauru (SP)
www.ceac.org.br   editoraceac@ceac.org.br

Diagramação – Samantha Alves
Revisão de Língua Portuguesa – Jacque Lopes
Capa - Renato Leandro de Oliveira

Falsíssima ideia formaria do Espiritismo quem julgasse que a sua força vem da prática das manifestações materiais e que, portanto, obstando-se a tais manifestações, se lhe terá minado a base. Sua força está na filosofia, no apelo que dirige à razão, ao bom-senso.

Na antiguidade, era objeto de estudos misteriosos, que cuidadosamente se ocultavam ao vulgo. Hoje, para ninguém tem segredos. Fala uma linguagem clara, sem ambiguidades. Nada há nele de místico, nada de alegorias suscetíveis de falsas interpretações.

Quer ser por todos compreendido, porque chegados são os tempos de fazer-se que os homens conheçam a verdade.

Longe de se opor à difusão da luz, deseja-a para todo o mundo. Não reclama crença cega; quer que o homem saiba porque crê.

Apoiando-se na razão, será sempre mais forte do que os que se apoiam no nada.

Allan Kardec, em **O Livro dos Espíritos.**

SUMÁRIO

IDEIA FUNDAMENTAL

Dedicado companheiro, conhecedor profundo das misérias humanas, costumava dizer às pessoas atormentadas que o procuravam:

- Coloque um pouco de Deus em sua vida, meu filho.

A experiência demonstra a sabedoria de sua afirmação.

Conceber a existência de um ser supremo que criou o Universo e sustenta a vida; que tem um programa para suas criaturas, em que se destacam a justiça e o amor, é fundamental em favor de nossa estabilidade íntima.

A partir da concepção de que Deus está presente em nosso dia a dia, que tudo vê, que tudo sabe, que tudo pode, iniciamos o laborioso esforço de nosso ajuste à Sua Vontade soberana, sem o que nossa existência será um suceder de frustrações e desajustes.

Há indivíduos que já nascem convictos dessa realidade, que a sentem na intimidade de seus corações.

São os grandes benfeitores da Humanidade, que descem das alturas para nos ensinar com a sabedoria *de suas lições e a força de seus exemplos.*

Eu e o Pai somos Um - *dizia Jesus, referindo-se a sua íntima comunhão com Deus, própria de um Espírito perfeito, preposto do Criador, que veio à Terra revelar que Deus é, acima de tudo, um pai de amor e misericórdia a trabalhar incessantemente pela felicidade de seus filhos.*

Quanto a nós, pobres mortais de visão limitada por milenárias imperfeições e sensibilidade atrofiada pela rebeldia, mister que aprendamos a identificá-lo, exercitando o cérebro primeiro para encontrá-lo depois em nosso coração.

Essa é a intenção destas páginas despretensiosas.

Alinhavando algumas ideias inspiradas na Doutrina Espírita a respeito do magno tema, dirijo-me essencialmente ao leitor que busca um ponto de referência, capaz de norteá-lo nos penumbrosos caminhos do destino humano.

Reporto-me neste livro a questões fundamentais contidas na primeira parte de O Livro dos Espíritos, *que trata "Das Causas Primárias", onde há abordagens marcantes relacionadas ao Universo e à Vida e, sobretudo, à existência de Deus.*

Completo aqui estudos envolvendo a obra maior

de Allan Kardec, na seguinte ordem:

Quem Tem Medo dos Espíritos?, *que trata do "Mundo Espírita ou Mundo dos Espíritos", na segunda parte;*

Viver em Plenitude, *sequência do anterior;*

A Constituição Divina, *que aborda as "Leis Morais", na terceira parte;*

Um Jeito de Ser Feliz, *relativo às "Esperanças e Consolações", na quarta parte.*

~

Com grande satisfação, tenho recebido incontáveis manifestações de confrades dedicados à divulgação da Doutrina Espírita, informando que usam essas obras para palestras doutrinárias, situando-as por didáticas e ilustrativas, em linguagem coloquial.

Para esses amigos generosos e para todas as pessoas interessadas em estudar temas específicos envolvendo a Doutrina Espírita, há ao final destas páginas um índice analítico com os temas abordados nos cinco livros.

Ficarei muito feliz se você, leitor amigo, encontrar nestes pálidos ensaios de literatura o estímulo para um mergulho mais profundo em O Livro dos Espíritos, que nos reserva inimagináveis riquezas de conhecimento.

Nele aprendemos a decifrar os enigmas de nossas

origens e destinação, colocando Deus em nossas vidas para conquistarmos a felicidade de viver como filhos Seus.

Bauru, agosto de 1995.

O QUE E O QUEM

Que é Deus?
Deus é a inteligência suprema, causa primária de todas as coisas.

Questão 1

Pitágoras, que viveu no século VI a.C., foi um dos mais lúcidos Espíritos da antiga Grécia. Chamado de sábio pelos discípulos, respondia que era apenas um *philosophos*.

Em grego, *philos*, amigo; *sophoi*, sabedoria.

O filósofo é um amigo do saber.

Para Platão, outro grande sábio grego, a filosofia deve ser exercitada não por mero prazer especulativo, mas por uma necessidade básica do ser humano em busca da verdade.

Quem sabe de onde veio, situa-se melhor.

Quem sabe por onde anda, não se perde nos caminhos.

Quem sabe para onde vai, não experimenta perplexidade e desalento.

Ele valorizava extremamente esse empenho. Destacava que a direção das coletividades deve pertencer aos filósofos.

Afirmava:

A não ser que os filósofos se tornem governantes ou que os governantes se tornem filósofos, não haverá solução para as aflições humanas.

O grande problema é que raramente essas orientações têm sido observadas. Os filósofos procuram o saber não por amor à sabedoria, como Pitágoras, nem por amor à verdade, como Platão. Apaixonados por si mesmos, pretendem decifrar os enigmas do Universo a partir de uma exaltação da própria vaidade.

Quase sempre cometem um erro fundamental: ignoram a presença de Deus no Universo, pretendendo explicar a criação sem um Criador.

Diz Jesus, em Mateus, 11:25.

Graças te dou, ó Pai do Céu e da Terra, porque ocultaste estas cousas aos sábios e entendidos, e as revelaste aos pequeninos.

A chave da percepção, que nos coloca em contato com as realidades universais, é a humildade, o reconhecimento da própria pequenez diante do Senhor Supremo, em cujo seio existimos e nos movemos, conforme observa o apóstolo Paulo.

❧

Não menos importante é exercitarmos a razão para apreciar a Regência Divina.

Sem esse empenho incorreremos no milenar engano: conceber um deus antropomórfico, feito à nossa imagem e semelhança, governando a vida universal sob inspiração de paixões típicas da inferioridade humana.

Jeová, o todo poderoso senhor bíblico, vingava-se até a quarta geração daqueles que o ofendiam, e determinava que os judeus passassem a fio de espada, em terra inimiga, tudo o que tivesse fôlego! Mais exatamente, todos os viventes, fossem homens, mulheres, velhos, crianças, aves, peixes, animais...

O deus cristão não tem feito melhor. Basta lembrar que em seu nome sustentaram-se as cruzadas, as fogueiras inquisitoriais, o comércio das indulgências, a monarquia religiosa, a caça às bruxas... Se falta religiosidade aos pensadores, carecem de racionalidade os religiosos.

❧

Homem culto e sensível, professor por profissão, filósofo por vocação, Allan Kardec sempre se preocupou com os problemas humanos, buscando, sobretudo, um sentido para a vida.

Ao entrar em contato com os Espíritos, nas primeiras reuniões onde compareceu em Paris, no ano de 1855, teve a necessária humildade para enxergar o que enfatuados acadêmicos recusavam ver: a presença de homens desencarnados ou as almas dos mortos, dando notícias do continente espiritual, o que abria um promissor campo de pesquisas.

Mas em momento algum renunciou à lógica e ao bom-senso, como enfatiza em *O Evangelho Segundo o Espiritismo:*

Fé inabalável só é a que pode encarar a razão, em todas as épocas da Humanidade.

Em *Obras Póstumas*, destaca, referindo-se à sua iniciação:

Compreendi, antes de tudo, a gravidade da exploração que ia empreender; percebi, naqueles fenômenos, a chave do problema tão obscuro e tão controvertido do passado e do futuro da Humanidade, a solução que eu procurara em toda a minha vida. Era, em suma, toda uma revolução nas ideias e nas crenças; fazia-se mister, portanto, andar com a maior circunspecção e não levianamente; ser positivista e não idealista, para não me deixar iludir.

Outro grande mérito de Kardec foi começar seu trabalho de codificação da Doutrina Espírita a partir da ideia fundamental - Deus, não indo além do que lhe seria dado compreender, com o que evitou especulações fantasiosas.

A primeira pergunta que formulou, ao reconhecer que estava em contato com elevadas Entidades que se propunham a transcendentes revelações, evidencia sua sobriedade e discernimento:

Que é Deus?

Normalmente se perguntaria: Quem é Deus? Soa melhor.

No entanto, qualquer estudante secundário sabe que há uma diferença fundamental entre os pronomes *que* e *quem*.

Quem é Jesus?

Um judeu nascido em Belém, filho do carpinteiro José e sua esposa Maria. Viveu em Nazaré. Morreu crucificado em Jerusalém.

Que é Jesus?

O autor dos ensinamentos que deram origem ao Cristianismo, um movimento religioso que, em vários segmentos, constitui hoje a crença predominante no Ocidente.

O pronome *quem* implica em identificação.

O pronome *que* define atividade, condição, qualificação.

Por isso Kardec, sabiamente, não pergunta quem é Deus. Como identificá-lo? Onde nasceu? Qual sua origem, idade, natureza íntima?

Não estamos diante de mistérios no sentido teológico - assuntos proibidos. São apenas informações que escapam ao nosso entendimento no atual estágio evolutivo. Seria o mesmo que ensinar álgebra a um recém-nascido. Assim, limitou-se a perguntar quanto à qualificação de Deus e não quanto à identificação.

Ao responder que *Deus é a inteligência suprema, causa primária de todas as coisas*, os mentores espirituais esgotaram o assunto nos limites do entendimento humano.

A partir dessa ideia fundamental, Kardec desenvolveria as 1.019 questões que compõem *O Livro dos Espíritos*.

Nele temos um roteiro indispensável em favor de nossa felicidade e bem-estar, inspirando-nos amor ao conhecimento, como exaltava Pitágoras, mas, sobretudo, levando-nos ao conhecimento do Amor, síntese das Leis Divinas, como ensinava Jesus.

PROFISSÃO DE FÉ

Onde se pode encontrar a prova da existência de Deus?
Num axioma que aplicais às vossas ciências. Não há efeito sem causa. Procurai a causa de tudo o que não é obra do homem e a vossa razão responderá.

Questão 4

Segundo o dicionário Aurélio, profissão de fé situa-se como uma declaração pública revestida de certa solenidade em que se afirma uma crença religiosa, uma convicção política, uma opinião estética.

Quando aplicada à religião, implica em aceitar-se como verdadeiro algo que por si mesmo não é evidente - as penas eternas, o inferno, o purgatório...

Essa concepção não chega a motivar os crentes. Para a maioria é tudo muito distante e nebuloso. E não há nenhuma chance de atrair os descrentes, que a consideram mera fantasia.

O ideal seria uma profissão de fé em que dogmas e especulações fossem substituídos por princípios racionais, apoiados na lógica e no bom-senso.

Em *Obras Póstumas*, Allan Kardec atende a essa aspiração, apresentando-nos uma *Profissão de Fé Espírita Raciocinada*, cujo primeiro parágrafo trata, com um primor de clareza e objetividade, a questão fundamental: a existência de Deus:

Há um Deus, inteligência suprema, causa primária de todas as coisas.

A prova da existência de Deus temo-la neste axioma: Não há efeito sem causa. Vemos constantemente uma imensidade de efeitos, cujas causas não estão na Humanidade, pois que a Humanidade é impotente para produzi-las ou, sequer, para as explicar. A causa está acima da Humanidade. É a essa causa que se chama Deus, Jeová, Alá, Brama, Fo-hi, Grande Espírito etc.

Tais efeitos não se produzem ao acaso, fortuitamente e em desordem. Desde a organização do mais pequenino inseto e da mais insignificante semente, até a lei que rege os mundos que circulam no espaço, tudo atesta uma ideia diretora, uma combinação, uma previdência, uma solicitude que ultrapassa todas as combinações humanas. A causa é, pois, soberanamente inteligente.

Argumentação perfeita, incontestável.

Para explicar o Universo sem Deus é preciso demonstrar que um efeito inteligente possa originar-se de fonte desprovida de inteligência.

Carlos Lacerda, o combativo político brasileiro, que era reconhecido pelos próprios adversários como brilhante intelectual, chega à evidência de Deus pelo mesmo caminho:

Ignorante que sou em eletricidade, custa-me muito menos atribuí-la a Deus do que ao eletricista que, juntando dois fios, produz uma faísca apenas menor do que a que fulgura entre nuvens no espaço. Por que hei de acreditar que o eletricista é capaz do prodígio de ligar o positivo e o negativo para fazer luz, e não em Deus que produziu o eletricista?

Mas não é preciso primores de cultura e inteligência para conceber a existência de Deus. Basta olhar o céu, como nos ensina o Espírito Meimei, em *Ideias e Ilustrações*, psicografia de Francisco Cândido Xavier:

Conta-se que um velho árabe analfabeto orava com tanto fervor e com tanto carinho cada noite que, certa vez, o rico chefe de grande caravana chamou-o à sua presença e lhe perguntou:

- Por que oras com tamanha fé? Como sabes que Deus existe, quando nem ao menos sabes ler?

O crente fiel respondeu:

- Grande senhor, conheço a existência de Nosso Pai Celeste pelos sinais Dele.

- *Como assim? - indagou o chefe, admirado.*

O servo humilde explicou-se:

- *Quando o senhor recebe uma carta de pessoa ausente, como reconhece quem a escreveu?*

- *Pela letra.*

- *Quando o senhor recebe uma joia, como é que se informa quanto ao autor dela?*

- *Pela marca do ourives.*

O empregado sorriu e acrescentou:

- *Quando ouve passos de animais, ao redor da tenda, como sabe, depois, se foi um carneiro, um cavalo ou um boi?*

- *Pelos rastos - respondeu o chefe, surpreendido.*

Então, o velho crente convidou-o para fora da barraca e, mostrando-lhe o céu, onde a lua brilhava, cercada por multidões de estrelas, exclamou, respeitoso:

- *Senhor, aqueles sinais lá em cima não podem ser dos homens!*

Nesse momento, o orgulhoso caravaneiro, de olhos lacrimosos, ajoelhou-se na areia e começou a orar também.

Poeticamente, no mesmo livro, escreve o Espírito Mariano José Pereira da Fonseca:

Quando quiseres indagar a respeito dos mistérios do Céu, sonda o segredo divino que palpita na flor.

Homens de ciência materialistas pretendem que Deus é uma hipótese dispensável para explicar a harmonia universal que sugere sua existência. Concebem que a própria matéria tem capacidade organizadora, o que equivale dizer que o universo e a vida construíram-se e se harmonizaram a partir de si mesmos.

Só há um detalhe pequeno que o leitor atento já percebeu, invalidando essa tese: a capacidade organizadora da matéria é um efeito. E a causa?

O desenvolvimento da cibernética permitiu a criação de robôs que realizam importantes tarefas, substituindo o concurso humano. Futuramente haverá robôs capazes de se reproduzirem nas oficinas. Nem por isso poderemos dizer que se inventaram a si mesmos ou dispensam manutenção.

O mesmo ocorre com a matéria. Suas propriedades, como uma programação perfeita, elaborada por inabordável gênio, não surgiram ao acaso.

Forçosamente temos que admitir um programador.

Stephen Hawking, o mais famoso físico da atualidade, um bom exemplo das tendências que dominam os cientistas, é dúbio em suas considerações a respeito do universo, revelando uma tendência eminentemente materialista.

Sobre Deus:

Continuamos a achar que o Universo deva ser lógico e belo; apenas pusemos de lado a palavra Deus.

Sobre a matéria:

A questão é que a nova matéria-prima não provém realmente de parte alguma... O Universo pode começar com energia zero e ainda assim criar matéria.

Sobre a criação:

Penso que o Universo se contém inteiramente em si mesmo. Não há começo nem fim, não há criação nem destruição.

Diz Anagarika Govinda, sábio budista do Tibet:

É muito interessante que, na física moderna, quanto mais lógico se é, mais errado se está. Isso patenteia os limites da nossa lógica.

É exatamente isso.

Por mais brilhante seja sua inteligência, homens como Hawking avançam o sinal e acabam atropelando o bom-senso com suas lucubrações ao pretenderem que a grandiosidade, beleza e harmonia do universo possam ser originárias do nada.

Admitir a presença de um Ser Supremo que nos criou e sustenta é de fundamental importância, até mesmo para que aprendamos a conter os impulsos inferiores a partir da consciência de que há uma Ordem Celeste que deve ser respeitada, sob pena de colhermos as consequências de nossos desvios, como revelam, invariavelmente, todas as religiões.

Há algo ainda mais importante: a crença em Deus nos dá segurança, com a certeza de que não estamos entregues à própria sorte.

É muito bom conceber que, desde sempre, antes mesmo que o conhecêssemos, Deus já cuidava de nós!

O ATEU E O À-TOA

Que dedução se pode tirar do sentimento instintivo, que todos os homens trazem em si, da existência de Deus?

A de que Deus existe; pois, donde lhes viria esse sentimento se não tivesse uma base? É ainda uma consequência do princípio - não há efeito sem causa.

Questão 5

Se seu pai, prezado leitor, já se transferiu *desta para melhor*, além das sombras do sepulcro, talvez você não esteja em condições de um contato feliz, facultado pela vidência mediúnica.

Pode faltar-lhe, também, suficiente sensibilidade para perceber-lhe a presença em eventual visita que lhe faça, pois os que vivem lá não se esquecem dos que vivem cá.

Mas, elementar exercício de raciocínio, ao alcance de qualquer criança, lhe dirá que tem um pai como toda gente. Seria altamente improvável que você houvesse surgido das profundezas do nada.

E o coração lhe dirá, quando se disponha a ouvi-lo, que o seu pai continua a existir, não apenas na sua saudosa lembrança, mas como individualidade imortal que dos etéreos horizontes espirituais permanece ligado a você.

É o que ocorre em relação a Deus.

Há algo de intuitivo que brota do mais íntimo de nossa personalidade, refletindo, talvez, milenárias experiências religiosas a nos dizer que Deus existe!

O ateísmo, por isso, é uma aberração. Não passa de mera pretensão da intelectualidade vazia intoxicada pelo orgulho. No livro *Trovadores do Além*, psicografia de Francisco Cândido Xavier, o poeta Alberto Ferreira nos oferece ilustrativa trova:

> *Ateu - enfermo que sonha*
> *Na ilusão em que persiste,*
> *Um filho que tem vergonha*
> *De dizer que o pai existe.*

∽

Em Espíritos evoluídos a consciência da presença de Deus é tão intensa que se manifesta desde as experiências mais singelas da infância.

No prefácio do livro *Renúncia*, psicografia de Francisco Cândido Xavier, o Espírito Emmanuel reporta-se aos seus primeiros contatos com Alcione, personagem central da história. Ainda uma menina, caminhava com o Padre Damiano, bondoso sacerdote que a orientava. Com encantadora simplicidade, perguntava-lhe:

- *Padre Damiano, quem terá feito as nuvens que parecem flores grandes e pesadas, que nunca chegam a cair no chão?*

- *Deus, minha filha - dizia o sacerdote.*

Mas, como se no coração pequenino não devesse existir esquecimento das coisas simples e humildes, voltava ela a interrogar:

- *E as pedras? Quem teria feito as pedras que seguram o chão?*

- *Foi Deus também.*

Então, após meditar de olhos mergulhados no grande crepúsculo, a pequenina exclamava:

- *Ah! como Deus é bom! Ninguém ficou esquecido!*

E era de ver-se a sua bondade singular, o interesse pelo dever cumprido, dedicação à verdade e ao bem.

Sobre sua atuação inesquecível, na edificação de afeiçoados seus, destaca Emmanuel:

Creio mesmo que ela nunca satisfez a um desejo próprio, mas nunca foi encontrada em desatenção aos desígnios de Deus. Jamais a vi preocupada com a felicidade pessoal; entretanto, interessava-se com ardor pelas paz e pelo bem de todos. Demonstrava cuidado singular em subtrair, aos olhos alheios, seus gestos de perfeição espiritual, porém, queria sempre revelar as ideias nobres de quantos a rodeavam, a fim de os ver amados, otimistas, felizes.

Alcione foi um anjo encarnado, em trânsito pela Terra, com a tarefa gloriosa de ajudar a um grupo de Espíritos ligados ao seu coração.

A nobreza de caráter que a distinguia e sua estreita sintonia com os ensinamentos de Jesus fariam dela uma figura inesquecível, beneficiando a todos que cruzavam seu caminho com valores de um conhecimento espiritual incomparável e de comovente dedicação ao próximo.

Era ela própria a representação marcante da presença de Deus.

Curiosamente, encontramos pessoas de boa índole, generosas e esclarecidas que, não obstante, por razões inabordáveis, mostram-se incapazes de reconhecer essa realidade.

Tendo em vista seus méritos, Deus vem em seu auxílio, oferecendo-lhes experiências renovadoras, que surgem à maneira da estrada de Damasco, que marcou a conversão de Paulo de

Tarso, renovando suas concepções para um encontro glorioso com a crença.

A propósito, há a edificante história de um farmacêutico.

Era um homem muito bom, cumpridor de seus deveres, de princípios retos, mas que simplesmente não encontrava espaço em suas cogitações íntimas para a existência de Deus.

Certa dia, fechava a farmácia, quando entrou uma menina:

- Sinto muito, minha filha. Estou de saída.

- Por favor, senhor farmacêutico, é muito importante. Trago uma receita para minha mãe. Está gravemente enferma. Deve tomar o remédio imediatamente. Corre risco de vida!

Nos recuados tempos de nossa história, os medicamentos eram preparados na própria farmácia. O farmacêutico atuava como químico a misturar substâncias. Serviço demorado. Daí sua relutância. Tinha um compromisso.

Mas, vendo a menina tão aflita, decidiu atendê-la.

Apanhou a receita, foi ao laboratório e rapidamente preparou o remédio com a mistura recomendada.

A menina pagou, agradeceu e partiu, apressada.

O bom homem voltou ao laboratório para

guardar o material usado. Estarrecido, verificou que na pressa havia trocado vidros, usando uma substância extremamente tóxica que, se ingerida pela mulher, provocaria sua morte.

Apavorado, correu à entrada da farmácia, olhou a rua em todas as direções, foi até a esquina... Não mais viu a menina.

E agora?

Não conhecia a paciente. Não reparara no nome do médico. Não havia a mínima chance de desfazer o engano.

Atormentado, sentindo-se na iminência de converter-se num criminoso, matando a pobre mãe com seu descuido, caiu de joelhos e, erguendo o olhar, falou, suplicante:

- Deus! Se você existe, ajude-me! Não quero transformar-me num assassino!

E chorava copiosamente, repetindo:

- Ajude-me! Ajude-me! por misericórdia, Senhor!

Alguém tocou de leve em seus ombros.

Voltou o olhar assustado.

Então, num misto de espanto e alívio, viu que era a menina:

- Ah! meu senhor, uma coisa terrível aconteceu. Tão afobada eu estava a correr, na ânsia de levar o remédio para minha mãe, que caí, não sei como. O vidro escapou-me das mãos e se espatifou. Não tenho dinheiro para outra receita. Por favor, atenda-me, em nome de Deus!

O farmacêutico suspirou emocionado:

- Sim, sim, minha filha! Fique tranquila! Eu lhe darei o remédio, em nome de Deus!

Preparou uma nova receita, agora com muito cuidado, sem pressa. Entregou o medicamento à menina e recomendou-lhe prudência.

Depois fechou a farmácia e, ajoelhando-se novamente, murmurou em meio a lágrimas ardentes:

- Obrigado, meu Deus!

No desdobramento de nossas experiências, acabamos todos reconhecendo a presença Divina. É algo muito forte em nós. Mesmo entre os piores criminosos e viciados, dificilmente encontraremos gente negando essa realidade.

O problema da humanidade, longe de ser o ateu, é o à-toa.

Releve-me a expressão, leitor amigo.

Não pretendo enquadrá-lo, até mesmo porque o heroico esforço de enfrentar este precário exercício de literatura espírita situa você acima do mortal comum, este sim, à-toa no sentido da indolência, da indiferença em relação aos objetivos da existência humana.

Quando os homens se derem ao trabalho de refletir um pouco sobre o significado da presença de Deus no Universo e de exercitar a justiça perfeita, dando a cada um segundo suas obras, como ensinou Jesus, não mais veremos gente à--toa. Haverá apenas gente

à toda em pleno empenho por transformar a crença em Deus em uma gloriosa vida com Deus!

ANGIOPLASTIA ESPIRITUAL

Será dado ao homem compreender o mistério da Divindade?

Quando não mais tiver o espírito obscurecido pela matéria. Quando, pela sua perfeição, se houver aproximado de Deus,ele o verá e compreenderá.

Questão 11

Impossível explicar o que é a luz ao homem que nasceu cego.

Algo semelhante ocorre em nossa relação com Deus.

Ensinava Jesus:

O Pai é Espírito.

Como, pois, enxergá-Lo se espiritualmente somos cegos? Falta-nos, também, a necessária pureza. A esse propósito há a ilustrativa afirmação do Mestre em O Sermão da Montanha:

Bem-aventurados os que têm limpo o coração,

porque verão Deus.

Podemos racionalizar ou intuir a existência de Deus, mas jamais o encontraremos enquanto não efetuarmos decisiva faxina em nossa vida interior, livrando-nos de vícios e paixões para buscá-lo no endereço certo, aquele a que se refere Teresa D'Avila:

Se desejas acertar melhor no alvo, procura a Deus em teu coração; não saias fora de ti, porque ele está mais perto de ti e mais dentro de ti que tu mesmo.

❦

Estímulo precioso, nesse sagrado propósito, é a Dor. Ela funciona como um sino de Deus.

Invariavelmente lembramos Nosso Pai quando vibra em nossos tímpanos seu dobrar penetrante. Ardentes, então, são nossas preces, contritas nossas lágrimas, elevados nossos anseios... Poderia ser diferente, menos sofrido, mais ameno...

Certamente você já ouviu falar, amigo leitor, da angioplastia, técnica médica em que uma sonda é introduzida em determinadas artérias, desobstruindo áreas comprometidas por placas de gordura.

Em muitos casos ela substitui com grande vantagem as traumáticas e arriscadas cirurgias cardíacas, que impõem tensões e sofrimentos ao paciente.

Que tal procedermos a uma angioplastia espiritual, sem esperar pelo sino de Deus? É simples. Exige apenas um pouco de reflexão em torno dos atributos de Deus, desobstruindo as vias de acesso aos sentimentos mais nobres, na intimidade do coração. Reconhecendo a Grandeza Divina será mais fácil identificar a Divina Presença.

Exatamente o que faz Allan Kardec em adendo à questão número 13 de *O Livro dos Espíritos*, onde propõe que Deus é eterno, infinito, imutável, imaterial, único, onipotente, soberanamente justo e bom.

∽

Explica o Codificador:

Deus é Eterno. Se tivesse tido princípio, teria saído do nada ou, então, também teria sido criado por um ser anterior. É assim que, de degrau em degrau, remontamos ao infinito e à eternidade.

Minha filha Carolina, de sete anos, surpreendeu-me com a conhecida sequência de perguntas:

- Eu nasci da mamãe?
- Sim.
- E a mamãe nasceu da vovó?
- Sim.

- A vovó também teve mãe?
- Sim.
- Se cada mamãe tem outra mamãe, de onde veio a primeira?

Achei melhor não complicar.

- Veio de Deus.
- E de onde veio Deus?

Carolina entenderá um dia que Deus não tem genealogia. Se algo ou alguém lhe fosse anterior, já não seria o Criador nem o Infinito.

❦

É imutável. Se estivesse sujeito a mudanças, as leis que regem o Universo não teriam estabilidade.

O Universo funciona como uma imensa máquina. Obedece a leis hoje definidas pela física, como a gravitação universal, que sustenta o movimento e o equilíbrio do cosmo.

É tudo tão incrivelmente perfeito, tão absolutamente regular, que os astrônomos podem definir com séculos de antecedência o exato momento e em que lugar ocorrerá um eclipse ou a passagem de um cometa.

Essa incessante ciranda cósmica, segundo alguns filósofos, exige um motor sustentador, parado.

Seria Deus, o eterno imutável, que opera sem

desgaste, sem falhas, sem alternâncias, garantindo a estabilidade do Universo e a sustentação das leis que o regem.

~

É imaterial. Quer isso dizer que sua natureza difere de tudo o que chamamos de matéria. De outro modo, ele não seria imutável, porque estaria sujeito às transformações da matéria.

Desde os astros que se equilibram no espaço aos vermes que fertilizam o solo, tudo obedece à incessante transformismo.

Para ser eterno e absoluto, Deus necessariamente deve estar fora desse contexto. O Criador não pode ser confundido com a Criação, tanto quanto um robô criado pelo homem não é parte dele.

~

É único. Se muitos deuses houvesse, não existiria unidade de vistas, nem unidade de poder na ordenação do Universo.

Diz Jesus, citando o profeta Oséias (João, 10:34): Vós sois deuses.

Todos o somos, assim como os demais filhos de Deus que habitam o Universo, consideradas as potencialidades de nossa condição, mas observado o fator subordinação.

Somos imortais, mas não eternos. Fomos criados a partir de um momento na eternidade. Perfectíveis, tendentes à perfeição, mas dentro dos limites impostos por nossa própria condição de criaturas. Perfeição absoluta só existe no Criador.

❧

É onipotente. Ele o é, porque é único. Se não dispusesse do soberano poder, algo haveria mais poderoso ou tão poderoso quanto ele, que então não teria feito todas as coisas. As que não houvesse feito seriam obra de outro deus.

Além de reafirmar a unidade divina, Kardec elimina a ideia dualística, segundo a qual haveria no Universo uma disputa entre forças antagônicas do Bem e do mal, de Deus e do demônio.

O Bem reina absoluto.

As forças do mal apenas exprimem a imperfeição de filhos rebelados de Deus, sujeitos a leis inexoráveis que, mais cedo ou mais tarde, os reconduzirão aos roteiros do Bem.

❧

É soberanamente justo e bom. A sabedoria providencial das leis divinas se revela nas mais pequeninas coisas, como nas maiores, e essa sabedoria não permite que se duvide nem da justiça nem da bondade de Deus.

O reconhecimento desses dois atributos de Deus é de importância fundamental para que possamos viver em paz, exaltando-lhe a providência.

Nada terá o condão de nos desajustar ou amedrontar. Nenhuma contingência da vida, por mais difícil, nos abalará se estivermos convictos de que a justiça e a bondade estão presentes na Criação.

E podemos constatar que necessariamente Deus é justo e bom, atentando às nossas cogitações mais íntimas.

Todos, invariavelmente, ansiamos por justiça e bondade.

Queremos a oportunidade de nos realizar como seres humanos, transformando em realidade nossas aspirações, com o concurso daqueles que conosco convivem. Ficamos profundamente infelizes quando alguém comete injustiças ou maldades contra nós.

E a experiência acaba por nos ensinar que somente nos habilitamos à felicidade plena quando, por nossa vez, agimos com justiça e bondade.

Se somos maus e injustos, não nos sentimos

bem, ainda que realizemos nossos desejos. Perdemos a paz. Desajustes nos afligem...

Acabamos aprendendo, ao longo de múltiplas existências, que é preciso exercitar a justiça e a bondade para não nos enredarmos em penosos compromissos de resgate, complicando o destino.

A conclusão é óbvia, caro leitor: se fomos criados à imagem e à semelhança de Deus, como está no texto bíblico, dotados de Suas potencialidades criadoras, o que existe embrionário em nós há em plenitude no Criador.

Assim, o fato de ansiarmos por justiça e bondade nos diz que Deus é soberanamente justo e bom.

NOSSOS ACOMPANHANTES

Dado é ao homem receber, sem ser por meio das investigações da Ciência, comunicações de ordem mais elevada acerca do que lhe escapa ao testemunho dos sentidos?

Sim, se o julgar conveniente, Deus pode revelar o que à Ciência não é dado apreender.

Questão 20

Em 1905, quando Albert Einstein publicou a Teoria da Relatividade, seus conceitos a respeito do Universo e às leis que o regem eram tão avançados, tão estranhos ao conhecimento existente que muitos cientistas o julgaram um maluco.

Ele não se abalou, consciente de que o tempo se encarregaria de comprovar a exatidão de suas ideias. E o fazia com grande convicção, própria de quem sabe.

Um dos princípios básicos da Teoria da Relatividade concebe algo espantoso - as ondas luminosas sofrem influência da gravidade. A luz de uma estrela, por exemplo, pode ser desviada de seu curso pela presença de outro astro nas imediações.

Em 1919, por ocasião de um eclipse solar no Brasil, cientistas de todo o Mundo puderam realizar observações telescópicas que confirmavam os raciocínios de Einstein.

Quando amigos exultantes o procuraram para informar que sua teoria estava comprovada, o sábio sorriu:

- Eu não tenho necessidade de provas.

- Como chegou a essa certeza?

- Foi graças a uma maravilhosa experiência...

E Einstein contou que certa noite, após muito meditar a respeito dos insondáveis mistérios cósmicos, pensou em abandonar suas pesquisas. Sentia-se impotente para tarefa de tal magnitude.

Então, aconteceu... Uma visão de impressionante clareza e precisão: diante de seus olhos, delineou-se a imagem perfeita do Universo. Qual se fora privilegiado espectador, observou extasiado seu funcionamento, sua complexa estrutura envolvendo espaço e tempo. Imediatamente escreveu, explicando com detalhes o que lhe foi dado ver. Organizou mapas, onde desenhou com a máxima exatidão todas as figuras astronômicas em suas diferentes movimentações, a fim de que pudesse formular sua teoria e torná-la compreensível.

A explicação de Einstein evidencia que ele foi decisivamente influenciado por orientadores espirituais que colaboram em favor ao progresso humano.

Estamos todos a caminho da sabedoria e da angelitude, em eterno aprendizado. No desdobrar dos milênios sem fim, galgamos degraus nos domínios do conhecimento e da virtude, sempre acompanhados e inspirados pelos invisíveis.

Homens como Einstein favorecem um contato com Espíritos que se situam na vanguarda da evolução. Isso porque atingiram um patamar ideal em suas convicções, aliando uma grande inteligência a um profundo sentimento de religiosidade. É o que ele deixa transparecer quando afirma:

Chegamos a uma concepção da relação entre Ciência e Religião muito diversa da usual... Sustento que o sentimento religioso cósmico é a mais forte e a mais nobre motivação da pesquisa científica.

Consideremos, neste particular, a Mediunidade, o sexto sentido que nos coloca em contato com o Mundo Espiritual, assim como o tato, o paladar, o olfato, a visão e a audição nos colocam em contato com o mundo físico.

Graças a ela, estamos em permanente ligação

com o Mundo dos Espíritos, em grau menor ou maior, de acordo com nossas necessidades e compromissos.

Ideias e impulsos que surgem a cada passo são, com frequência, fruto dessa comunhão. É por não saberem lidar com esse intercâmbio que pessoas dotadas de sensibilidade experimentam aflições.

Imaginemos se todos fossem surdos e cegos. Um dia alguém começaria a ouvir sons variados. Isso lhe seria perturbador, até descobrir a utilidade de ouvir.

No Espiritismo, há valiosos esclarecimentos sobre os Espíritos, ajudando-nos a definir a natureza dos sons e imagens captados via mediúnica.

Foi como sensitivo, como médium, que Einstein teve a visão clara, objetiva, profunda dos mecanismos do Universo, o que lhe permitiu afirmar que não precisava de provas. Ele sabia.

O mesmo ocorre com o médium vidente. Um Francisco Cândido Xavier, que desde menino convive com os Espíritos, dispensa provas. Ele os vê.

Para o médium tais experiências evidenciam uma realidade espiritual tão objetiva quanto a visão de uma mesa. Ninguém precisa provar-me que ela existe. Eu a vejo e apalpo. Ouço os sons que produz quando lhe dou uma pancada.

Embora, não de forma tão evidente como na experiência de Einstein, muitos cientistas e pesquisadores são inspirados por benfeitores espirituais, interessados em acelerar o progresso humano.

Missionários que vêm à Terra com grandes tarefas, guardam bem nítidas suas vivências espirituais e são extremamente sensíveis à orientação de seus mentores.

É o caso do Dr. Inácio Felipe Semmelweis, que foi um dos pioneiros da assepsia na Medicina.

Em 1846, parturientes morriam como moscas, vitimadas pela febre puerperal, na Clínica de Obstetrícia do Hospital Geral de Viena. Inácio Felipe não se conformava. Era absurdo que as pobres mulheres viessem a perecer justamente porque se internavam em um hospital à procura de atendimento seguro.

Ninguém se preocupava com isso. A única exceção era o jovem médico. Com a determinação dos missionários que se sobrepõem às limitações de seu tempo, procurava sem tréguas a solução para o problema.

Apoiado decisivamente pela Espiritualidade, intuiu a resposta às suas indagações. As parturientes contraíam a febre puerperal através dos alunos de medicina em estágio no hospital. Após fazerem seus estudos de anatomia dissecando cadáveres, passavam para a Clínica de Obstetrícia sem o elementar cuidado de lavar as mãos.

Eles próprios contaminavam as mulheres!

A partir dessa constatação, durante anos, Inácio Felipe lutou por convencer seus colegas de que era preciso aderir à assepsia e à higiene.

Ingrata tarefa naqueles tempos de pretensiosa ignorância! Supunha-se, espantosamente, que quanto mais emporcalhadas as vestes e as mãos, mais competente o esculápio!

Pasteur foi outro sábio que enfrentou o escárnio e a negação ao defender a ideia de que os processos fermentativos estão associados às enfermidades, mas insistiu em suas pesquisas e comprovações até convencer a comunidade científica.

Cristóvão Colombo sentia, mais do que imaginava, que navegando em determinada direção encontraria terras novas e extensas. Uma temeridade, porquanto diziam os doutos que nos limites do conhecido havia um abismo que tragava navegantes audaciosos. No entanto, tanto insistiu que obteve patrocínio para uma expedição que culminou com o descobrimento da América.

Sócrates, consciente da presença de um mentor espiritual, proclamava ter um gênio particular que com ele conversava e o orientava.

Somos todos assistidos espiritualmente.

Há apenas uma diferença: os grandes benfeitores da Humanidade, idealistas e devotados a sagrados propósitos em favor do semelhante, fazem-se seguir por Gênios do Bem que encontram neles a receptividade necessária para lançar ideias que aceleram o progresso em todos os setores da atividade humana.

Já o homem comum tende a cercar-se de Espíritos que guardam correspondência com suas tendências imediatistas.

O bebum é acompanhado por alcoólatras.

O fumante atrai amigos da nicotina.

O faminto de sexo liga-se aos viciados sexuais.

O violento é dominado por entidades agressivas.

O maledicente cerca-se dos gênios da discórdia.

O indolente associa-se aos representantes da preguiça.

Por isso, o Espiritismo sinaliza a necessidade de mobilizarmos nossas energias criadoras e nossos impulsos em direção ao autoaprimoramento moral, livrando-nos das sombras para sintonizarmos com a Luz.

Alegria, equilíbrio e paz interior são os frutos de nossa adesão aos valores mais nobres, tanto quanto desequilíbrios variados sustentam-se de atividades que não interessam à nossa economia espiritual.

O apóstolo Paulo, que sabia dessas coisas, recomendava aos companheiros, na Epístola aos Filipenses (4:8):

Tudo o que é verdadeiro,
Tudo o que é respeitável,
Tudo o que é justo,
Tudo o que é puro,
Tudo o que é amável,
Tudo o que é de boa fama,
Se alguma virtude há e se algum louvor existe,
seja tudo isso o que ocupe o vosso pensamento.

SEMPRE MATÉRIA

Define-se geralmente a matéria como sendo: o que tem extensão, o que é capaz de nos impressionar os sentidos, o que é impenetrável. São exatas essas definições?

Do vosso ponto de vista, elas o são, porque não falais senão do que conheceis. Mas a matéria existe em estados que ignorais. Pode ser, por exemplo, tão etérea e sutil que nenhuma impressão vos cause aos sentidos. Contudo, é sempre matéria. Para vós, porém, não o seria.

Questão 22

Em 1944, o Departamento Editorial da Federação Espírita Brasileira lançou um livro que desde logo provocou grande impacto:

Nosso Lar, psicografia de Francisco Cândido Xavier.

O autor, médico desencarnado que usou o pseudônimo André Luiz, descreve suas experiências no Plano Espiritual, a partir da morte física e do estágio que fez no Umbral, região de sofrimentos que circunda a Terra. Seria o Purgatório do Catolicismo.

Não foi o primeiro livro a abordar o assunto. A literatura sobre o Além é vasta, envolvendo publicações em todos os continentes.

São famosos no Brasil *A Vida Além do Véu*, do reverendo inglês Robert Dale Owen, e *Cartas de uma Morta*, do Espírito Maria João de Deus, mãe do médium Francisco Cândido Xavier, que o psicografou.

Na codificação kardequiana, há *O Céu e o Inferno*, que desfaz milenárias fantasias, oferecendo-nos valiosas informações sobre o que nos espera após deixar a carcaça na *cidade dos pés juntos*.

Nenhum livro, entretanto, é tão completo, tão claro e minucioso sobre a vida espiritual. André Luiz é muito bem informado e, sobretudo, um autêntico literato, com uma linguagem elegante, sóbria e notável capacidade de síntese. Não perde tempo com firulas. Vai direto ao assunto.

Revela-se conhecedor profundo da ciência médica. Isso favorece muito a abordagem dos problemas psíquicos, de Espíritos encarnados e desencarnados, um dos pontos altos de sua obra, que inclui mais doze livros.

Consta que seria Carlos Chagas, grande médico brasileiro, autor de pesquisas que o tornaram conhecido internacionalmente. Seu estudo mais famoso é sobre o Trypanosoma cruzi, protozoário transmitido por um inseto, o barbeiro, que causa a tripanossomíase americana, hoje conhecida como o Mal de Chagas, em sua homenagem.

Sua identidade foi confirmada pelo médium em reduzido grupo de confrades. São pessoas respeitáveis, de plena confiança, que nos passaram a informação. Segundo Chico, a opção pelo pseudônimo foi do próprio autor desencarnado.

O que causou impacto em *Nosso Lar* foi o fato de André Luiz descrever uma cidade no Plano Espiritual, cujo nome dá título ao livro.

Há casas, veículos, ruas, parques, árvores, vegetação, lagos, campos... Há uma organização administrativa e social, sede de governo, escolas, hospitais, centros de cultura... Um espanto! Emmanuel, o mentor espiritual que assina o prefácio, comenta:

Certamente que numerosos amigos sorrirão ao contato com determinadas passagens das narrativas. O inabitual, entretanto, causa surpresa em todos os tempos. Quem não sorriria na Terra, anos atrás, quando se lhes falasse da aviação, da eletricidade, da radiofonia?

Mais do que sorrisos, a obra de André Luiz suscitou dúvidas e críticas. Como imaginar o mundo espiritual um xérox da Terra? Mas poderíamos inverter a pergunta: Como imaginá-lo diferente? O que vai acontecer quando batermos as botas? Porventura nos transmutaremos em etérea fumaça? Perderemos a identidade? Desapareceremos no todo cósmico?

Onde quer que o Espírito instale sua morada, fatalmente irá defrontar-se com sua própria forma e entrará em contato com seres e coisas que também têm forma.

Mesmo as fantasias teológicas reportam-se à paisagens infernais e celestiais, seres demoníacos e angélicos, chifres e asas, jardins e cavernas, caldeirões e harpas... A natureza não dá saltos.

A Espiritualidade, principalmente nas proximidades do plano em que vivemos, forçosamente assemelha-se à Terra. Ao contrário do que se imagina, o mundo físico é uma cópia muito imperfeita do mundo espiritual, mais densa, mais pesada, de matéria mais grosseira.

Os cientistas admitem hoje a existência de universos paralelos, em outras dimensões, que poderíamos definir como planos habitados por Espíritos, de acordo com seu estágio evolutivo.

∽

A chave para entender e aceitar *Nosso Lar* está em conceber que a morada dos mortos é feita de matéria. Isso não deve ser motivo de surpresa. Consideremos os estados conhecidos da matéria: sólido, líquido e gasoso.

Uma pedra de gelo é matéria em estado sólido. Derretendo o gelo temos matéria líquida.

Se colocarmos a água a ferver, teremos a matéria em estado gasoso a dispersar-se, oferecendo-nos a impressão de que se esgotou, quando apenas tornou-se invisível.

Algo semelhante ocorre com o Continente Espiritual.

Não o visualizamos porque nos faltam sentidos para identificar os elementos que o estruturam. Não o detectam os mais sofisticados aparelhos de que dispõe a ciência terrestre, porque ainda não possuem a necessária sensibilidade.

Superada essa dificuldade, poderemos ler tranquilamente André Luiz, colhendo valiosas informações sobre as regiões para onde nos transferiremos quando a morte nos contemplar com seu irrecusável convite.

Usaremos, então, outro corpo, feito de matéria sutil, em outra faixa de vibração, denominado perispírito por Allan Kardec.

O perispírito guarda a mesma morfologia do corpo físico. É cópia fiel. Assim, o Espírito tende a conservar a aparência compatível com sua idade ao desencarnar. Isso nos permite compreender certas ocorrências envolvendo os Espíritos.

Diz o vidente na reunião espírita:

- Fulano está presente.

Como sabe? É que o vê em seu corpo espiritual.

Reclama um comunicante pela psicofonia mediúnica:

- Ninguém me dá atenção em meu lar. É como se eu falasse com as portas...

Não percebe que morreu.

Por quê? Porque não enxerga nenhuma diferença entre o perispírito que lhe serve hoje à exteriorização, e o corpo que o serviu enquanto encarnado.

Mas *Nosso Lar* não é só informação sobre o além-túmulo. Situa-se, sobretudo, como vigorosa advertência, quanto a nossa postura existencial. Demonstra incisivamente que, encarnados ou desencarnados, é fundamental que superemos os pruridos de individualismo que se manifestam em desânimo, tristeza e inquietação quando somos contrariados em nossos desejos. Sem esse empenho nossa vida será uma interminável sequência de perturbações.

André Luiz oferece ilustrativo exemplo de ordem pessoal. Após a desencarnação, esteve oito anos no Umbral. Sofreu muito na condição de suicida inconsciente. Alguém que morreu antes do tempo, em virtude das extravagâncias que cultivava; que jamais encarou a evidência de que estava agredindo e corrompendo a máquina física.

Internado num hospital, recebeu a visita de Clarêncio, generoso benfeitor espiritual. Carinhoso, o visitante perguntou-lhe:

- *Como vai? Melhorzinho?*

André Luiz fez o que é próprio do comportamento humano: explicou tudinho, em tom desolado.

Reclamou de mal-estar, angústia, depressão, ansiedade... Falou do peso de sua cruz, de doridas saudades da família...

Lastimou estarem a esposa e os filhos sem sua presença...

Sentia-se enfermo, infeliz...

Terminou enfatizando:

- *Que será, então, a vida? Sucessivo desenrolar de misérias e lágrimas? Não haverá recurso à semeadura da paz? Por mais que deseje firmar-me no otimismo, sinto que a noção de infelicidade me bloqueia o Espírito, como terrível cárcere. Que desventurado destino, generoso benfeitor...!*

Debulhou-se em lágrimas...
Clarêncio, aproveitando o intermezzo naquela sinfonia de lamúrias, perguntou:
- *Meu amigo, deseja você, de fato, a cura espiritual?*

Recebendo resposta afirmativa, continuou:
- *Aprenda, então, a não falar excessivamente de si mesmo, nem comente a própria dor. Lamentação denota enfermidade mental e enfermidade de curso laborioso e tratamento difícil. É indispensável criar pensamentos novos e disciplinar os lábios. Somente conseguiremos equilíbrio, abrindo o coração ao Sol da Divindade. Classificar o esforço necessário de imposição esmagadora, enxergar padecimentos onde há luta edificante, sói identificar indesejável cegueira d'alma. Quanto mais utilize o verbo por dilatar considerações dolorosas, no círculo da personalidade, mais duros se tornarão os laços que o prendem a lembranças mesquinhas...*

Falou-lhe longamente, como um mentor compassivo e amigo, mas enérgico e realista, chamando-o à razão.
Conclui André Luiz:

A palavra de Clarêncio levantara-me para elucubrações mais sadias. Enquanto meditava a sabedoria da valiosa advertência, meu benfeitor, qual o pai que esquece a leviandade dos filhos para recomeçar serenamente a lição, tornou a perguntar com um belo sorriso:

- Então, como passa? Melhor?

Contente por sentir-me desculpado, à maneira da criança que deseja aprender, respondi, confortado:

- Vou bem melhor, para melhor compreender a Vontade Divina.

Uma boa pedida, leitor amigo: meditar sobre as ponderações de Clarêncio em situações assim:

Quando nos elegemos vítimas do destino...

Quando resvalamos para estados depressivos...

Quando sentimos pena de nós mesmos...

Quando a dor nos parece insuportável...

Quando cultivamos a queixa...

Em qualquer lugar, encarnados ou desencarnados, estaremos bem se procurarmos entender que as lutas e os problemas do mundo não são abismos de angústia e sofrimento. Mas sim constituem valiosos desafios para o exercício de nossas faculdades criadoras, sugerindo-nos o aproveitamento das experiências em que Deus nos situa como oportunidades grandiosas em favor de nossa edificação.

Se os enfrentarmos com serenidade e bom ânimo, dispostos a fazer o melhor, verificaremos que, apesar de tudo, na Terra ou no Além, jamais haverá espaço em nosso coração para angústias e perturbações que fazem a infelicidade de tanta gente.

A BICICLETA E O CICLISTA

O Espírito independe da matéria ou é apenas uma propriedade desta, como as cores o são da luz e o som o é do ar?

São distintos um do outro, mas a união do Espírito e da matéria é necessária para intelectualizar a matéria.

Questão 25

Não há controvérsia em expressões assim:
- Fulano tem espírito - é inteligente.
- Beltrano é espirituoso - possui senso de humor.
- Ciclano é espiritualizado - cultiva valores morais.

A dificuldade surge quando empregamos a palavra espiritualista para designar pessoas que admitem a existência da Alma, a individualidade eterna que sustenta o corpo físico e o situa como um ser pensante.

Para muitos trata-se de mera fantasia religiosa, sem base científica. Concebem que capacidade de pensar é mero resultado da organização e do funcionamento de células cerebrais, que produzem o pensamento, assim como o fígado produz bile ou as glândulas de secreção interna produzem hormônios.

Afirma jocosamente o patologista:

- Dissequei centenas de cérebros. Jamais encontrei o Espírito.

Interessante frase de efeito que não diz nada.

Porventura, teria ele desvendado misterioso mecanismo a gerar o pensamento no interior das células? Alguma pesquisa teria surpreendido ideias sendo produzidas pelos neurônios, da mesma forma que o pâncreas secreta a insulina?

∽

A matéria não pensa.

Situemos, a título de ilustração, algo bem simples: a bicicleta.

Trata-se de um veículo de transporte muito eficiente que, para movimentar-se, não prescinde da força motriz gerada pelo ciclista. O corpo é a bicicleta que o Espírito usa para a jornada humana. A bicicleta sem o ciclista é um objeto inanimado. O corpo sem o Espírito é mero aglomerado de células em desagregação.

A união do Espírito com o corpo intelectualizou a matéria, transformando o ancestral símio antropóide num ser pensante, da mesma forma que a presença do ciclista torna a bicicleta um veículo andante.

❧

Em defesa da tese materialista que nega a individualidade espiritual que anima o ser humano, fala-se em paralelismo psicofisiológico. Trocando em miúdos: o homem é um produto de seu próprio cérebro.

Por isso, o que lhe afeta os miolos repercute em sua atividade motora, sensorial, intelectual, mental...

Proclama o materialista:

- A prova de que a inteligência independe da suposta presença do Espírito está no fato de que, se ocorrer um problema qualquer com o tecido cerebral, teremos dificuldade para exercitar as funções intelectivas e fisiológicas.

Raciocínio simplista.

Sendo o cérebro o instrumento de sua manifestação no plano material, obviamente o Espírito estará na dependência dele.

O ser imortal pode ser muito inteligente, muito culto, mas, se a caixa craniana apresentar grave disfunção, teremos um deficiente mental.

Algo semelhante a um ciclista que ficará impossibilitado de transportar-se em sua bicicleta se furar um pneu ou romper-se a corrente que traciona as rodas.

Devemos atentar, ainda, para outro aspecto que liquida a tese materialista. Há doentes mentais submetidos aos mais sofisticados exames que não revelam nenhuma disfunção orgânica, nem mesmo nos circuitos cerebrais. Enigmas para os médicos, que se limitam a prescrever-lhes tranquilizantes.

A Doutrina Espírita explica que o problema geralmente decorre de obsessão. O paciente tem comprometida sua integridade mental pela influência de inimigos espirituais.

O tratamento em hospitais psiquiátricos espíritas - passe magnético, água fluída, sessões de desobsessão, reuniões evangélicas - opera prodígios, afastando os obsessores e promovendo a cura do paciente.

Isso não ocorre apenas com problemas mentais. Há casos em que a ação do obsessor provoca males físicos que desafiam a Medicina.

Durante meses um homem sofreu dores intensas nas pernas. Os médicos não conseguiam um diagnóstico. Exames clínicos e laboratoriais nada revelavam. O paciente irritava-se quando lhe diziam que se tratava de um problema psicológico. Esbravejava:

- Dor não tem psicologia!

Mesmo assim, em desespero, submeteu-se à psicanálise.

Resultado nulo.

Saturado de tanto sofrer, pedia que lhe amputassem as pernas.

Um amigo o convenceu a procurar o Centro Espírita.

Lá explicaram-lhe que estava sendo assediado por um Espírito que, a pretexto de vingar-se de passadas ofensas, impunha-lhe aquela tortura.

Ficou sabendo que em vida passada assassinara aquele que hoje o martirizava. Quebrara suas pernas, abandonando-o em região deserta, atormentado por dores intensas.

Durante alguns meses submeteu-se ao tratamento com passes magnéticos e água fluída. Recebeu orientações quanto ao estudo, à reforma íntima, à prática do bem...

Seu empenho, aliado às reuniões de desobsessão e à interferência de benfeitores do Além, modificaram as disposições de seu perseguidor. Sensibilizado, disposto também à renovação, ele se afastou.

Em breve, como por encanto, as dores desapareceram.

❧

No livro *O Que é a Morte,* Carlos Imbassahy vai mais longe:

Há um fato desconcertante para a Fisiologia e, sobretudo, para os fisiologistas, no caso das lesões cerebrais, isto é, quando há operações em partes essenciais do cérebro sem que a consciência e a inteligência fossem suprimidas ou mesmo alteradas.

Dentre inúmeras citações que ilustram sua afirmação, reporta-se a um suboficial da guarnição de Antuérpia durante a Primeira Guerra Mundial, que durante anos sofreu persistente dor de cabeça. Não obstante, cumpria normalmente suas obrigações.

Morto, repentinamente, foi submetido à autópsia. O patologista constatou, surpreso, que ele tivera um tumor na cabeça.

O cérebro estava reduzido a uma pasta purulenta. Incrível que tenha conservado a sanidade mental e motora, sobrevivendo à desintegração da massa encefálica!

Comenta Imbassahy:

Em suma, o que a Fisiologia descobriu é que, co-

mumente, o cérebro é necessário à manifestação do Espírito. O estudo de determinados fatos fisiológicos, psíquicos ou metapsíquicos, prova, entretanto, que a dependência não é constante, absoluta. O Espírito faz-nos, por vezes, o efeito de certos mágicos a quem se amarre ou acorrente a laços e cadeias irremovíveis; ei-los, porém, que se desembaraçam, não se sabe como, e se apresentam em cena, sorridentes, completamente livres. O mecanismo cerebral é inútil, como prova a favor das doutrinas materialistas.

❧

Mais cedo ou mais tarde, a Ciência admitirá o fundamental: o Homo sapiens que há muito domina a Terra é apenas uma manifestação do Espírito eterno que intelectualiza a matéria em favor de suas experiências evolutivas nos domínios da carne.

Sem o binômio corpo/espírito, jamais se operaria o desenvolvimento mental que retirou o Homem do fundo das cavernas para elevá-lo às culminâncias da civilização tecnológica.

O SEGREDO DO COFRE

A matéria é formada de um só ou de muitos elementos?

De um só elemento primitivo. Os corpos que considerais simples não são verdadeiros elementos, são transformações da matéria primitiva.

Questão 30

Segundo o Gênesis, o primeiro livro da Bíblia, no princípio, Deus criou os Céus e a Terra. O texto prossegue falando sobre a criação da luz, dos mares, da noite, do dia, dos seres vivos...

Hoje sabemos tratar-se de simples alegoria que, se interpretada ao pé da letra, induz a erros flagrantes de cosmologia, a começar pelo nosso planeta.

A Terra tem perto de quatro bilhões e 500 milhões de anos, bem mais nova que o Universo, com aproximadamente quinze bilhões.

A cronologia bíblica sugere que tudo aconteceu de forma simultânea, há cerca de cinco mil anos, apenas. E insistem os defensores da Bíblia em torno dessa estimativa, não obstante provas concretas evidenciarem o equívoco.

Basta lembrar que os dinossauros, que dominaram nosso planeta durante largo tempo, foram extintos há 65 milhões de anos. O próprio homem está na Terra há pelo menos um milhão de anos, muito antes das traquinagens de Adão e Eva, no fantasioso paraíso.

~

A alegoria bíblica é omissa quanto à origem da matéria universal ou do material usado por Deus.

Abstendo-nos da ideia corrente de um deus antropomórfico, um celeste empreiteiro a construir estrelas, podemos conceber o Criador como a Inteligência Suprema, a Consciência Cósmica, que tudo vê, tudo sabe, tudo pode.

Segundo a Doutrina Espírita, a matéria é um derivado do Fluido Cósmico Universal, que preenche todos os espaços, gerado pela Mente Divina.

Com ela, o Senhor Supremo edifica o Universo na oficina da Natureza em períodos inconcebivelmente longos para os relógios da Terra, mas apenas segundos na Eternidade.

São bastante difundidos, os brinquedos feitos de peças para montar. Todas iguais, com pequeno dispositivo para se encaixarem umas nas outras.

Segundo o roteiro ou de acordo com sua imaginação, as crianças podem montar aviões, carrinhos, casas, parque de diversões, réplicas de animais e seres humanos. As possibilidades são inesgotáveis.

Algo semelhante ocorre com o Universo. É todo feito de pequenas peças, os átomos que, em infinitas combinações, compõem os mundos, os sóis, os objetos, os seres vivos, tudo o que existe, tudo o que ocupa espaço.

O que determina as propriedades dos aglomerados atômicos, denominados moléculas, é o seu peso específico, com seu componente energético.

Situam-se, digamos, como tijolos que, não obstante iguais, têm peso e densidade próprios para utilização em diferentes edificações.

⌒

Durante séculos, os alquimistas, precursores da química, procuraram, em intermináveis experiências, a pedra filosofal, a fórmula capaz de operar a transmutação da matéria. O interesse fundamental era a produção de ouro. Parece utópico, mas é viável.

Hoje, com os aceleradores atômicos, que bombardeiam os núcleos do átomo, pode-se obter o precioso metal a partir de outro menos nobre.

Só há um probleminha: fica demasiadamente caro. Para produzir um único grama de ouro, gastaríamos o equivalente a vários quilos.

Os vegetais parecem deter a pedra filosofal. Plantas alimentadas apenas com água destilada, em ambiente de estufa, sem contato com o solo, produzem folhas e frutos possuidores de elementos químicos que não estavam na semente original.

Dizem os cientistas que a transmutação dos elementos está trancada no cofre da Natureza. Podemos arrombá-lo ou abri-lo.

O Homem usa o primeiro recurso, com bombas atômicas, aceleradores nucleares... As plantas o fazem tranquilamente, sem barulho ou agitação.

Conhecem o segredo que trava a porta. Jesus também conhecia e o demonstrou em inúmeras circunstâncias. Certa feita, ele e seus discípulos tomaram o barco e atravessaram o lago de Genesaré, aportando numa região agreste, pouco habitada.

Atraídas por sua fama de taumaturgo, fazedor de milagres, multidões o buscavam. Naquela oportunidade, embora longe dos centros urbanos, o grupo defrontou-se perto de cinco mil pessoas, segundo o relato evangélico.

Os discípulos preocuparam-se. Era muita gente e a hora ia avançada.Pediram a Jesus que dispensasse a todos, a fim de que pudessem procurar alimento nas aldeias próximas.

O mestre respondeu:

- Dai-lhes vós mesmos de comer.

- Como o faremos? Temos apenas dois peixes e cinco pães!

- Trazei-os aqui e formai grupos de cinquenta e cem pessoas.

Feito isso, Jesus abençoou os pães e os peixes e os entregavam aos discípulos. Estes, perplexos, verificaram que quanto mais pães e peixes distribuíam, mais apareciam...

Todos se saciaram e ainda sobraram muitos pães e peixes. O povo murmurava:

- Este é verdadeiramente o profeta que esperávamos.

A multiplicação dos pães e peixes, assim como outros prodígios, fazia parte dos recursos que

Jesus mobilizava para divulgar sua mensagem. Impressionava os sentidos, a fim de conquistar almas para o Reino.

Ao longo dos séculos, muitos indivíduos têm encontrado o segredo do cofre. Também operam prodígios.

Isso não é novidade.

Jesus dizia:

- Tudo o que faço, fareis também.

Suspirava um amigo:

- Ah! Se eu descobrisse o segredo do cofre! Produziria ouro, diamantes, esmeraldas... Ficaria rico!

Estava enganado.

Jamais o abriremos sem o pleno desenvolvimento de nossas potencialidades espirituais e morais. E aqueles que atingem semelhante estágio não têm nenhum interesse pelas riquezas efêmeras da Terra.

Estão empenhados em conquistar as riquezas do Céu.

ALÉM DA CERCA

O espaço universal é infinito ou limitado?
Infinito. Supõe-no limitado: que haverá para lá de seus limites? Isto te confunde a razão, bem o sei; no entanto, a razão te diz que não pode ser de outro modo. O mesmo se dá com o infinito em todas as coisas. Não é na pequenina esfera em que vos achais que podereis compreendê-lo.

Questão 35

Contemplando o céu em noite clara, ficamos deslumbrados. Milhões de estrelas, belas, faiscantes, promovem um recital de luzes. Bem, a imagem poética é sofrível, mas a informação nos reprovaria num exame de Astronomia.

Vemos, a olho nu, perto de duas mil e quinhentas estrelas, tudo quanto alcançam nossos olhos.

Acreditavam os antigos que os astros governam nossas vidas e estabeleceram princípios de interpretação de sua influência, criando a Astrologia.

Assim como a Alquimia deu origem à Química, a Astrologia foi a gênese da Astronomia.

De tanto olhar o céu, à procura de seu destino, os homens começaram a decifrar os enigmas do Cosmo.

Durante muitos séculos, a Astronomia esteve contida em estreitos limites. Dois foram os motivos:

Primeiro, a insuficiência de recursos óticos, de aparelhos que permitissem uma visão mais ampla do Céu. A simples contemplação a olho nu limitava bastante a pesquisa.

Depois, a interferência daquela que deveria ser sua maior aliada - a Religião.

Insistindo na ideia infantil de que a Terra é o centro do Universo, o pensamento religioso, atrelado ao carro do poder temporal, proibia qualquer tentativa de explicação racional para a Criação, além das fantasias bíblicas. Os contestadores eram julgados e, não raro, condenados à morte.

É famoso o episódio ocorrido no século XVII, quando Galileu Galilei, grande astrônomo italiano, foi levado a um tribunal inquisitorial acusado de heresia.

Que falta grave seria a sua, passível de levá-lo à fogueira? Diríamos que incorreu em crime de atrevimento.

Atreveu-se a pensar...

Exercitando o raciocínio, algo inconcebível em seu tempo, confirmou, com cálculos matemáticos precisos, a teoria heliocêntrica, de Nicolau Copérnico. O astrônomo polaco ensinava, já no século anterior, que a Terra movimenta-se em torno do sol.

Galileu tinha vocação para a Ciência, não para o martírio. Assim, obrigou-se a *abjurar, amaldiçoar, desdizer os próprios erros e heresias*, em 22 de junho de 1633.

Após submeter-se à ridícula imposição, digna de figurar com destaque no bestialógico humano, o sábio italiano, dirigindo-se aos seus companheiros, teria sussurrado:

E pur, si muove!

Apesar de tudo, apesar da ignorância pretensiosa, da negação sistemática, da teimosia das autoridades religiosas, a Terra não é o centro do Universo: Ela se move!

Libertando-se das amarras impostas pelo obscurantismo medieval, a Astronomia avançou rapidamente, vencendo as contestações da ortodoxia religiosa, que se viu obrigada a abandonar suas posições indefensáveis.

A grande contribuição nesse particular foi a invenção do telescópio, atribuída a Galileu, que ampliava consideravelmente as possibilidades de pesquisa.

As estrelas se multiplicavam. Apareciam cada vez mais numerosas, na medida em que os telescópios eram aperfeiçoados. Desde então, a Ciência avança aceleradamente. Dilata-se o espaço cósmico. Deslumbram-se os cientistas com números astronômicos tão grandiosos que o leigo tem dificuldade até mesmo para alcançar sua amplitude.

Nosso sistema solar, por exemplo, com sua família de planetas, pertence a uma galáxia, um aglomerado de estrelas denominado Via Láctea.

A expressão é de origem grega. Significa caminho de leite. Era assim que imaginavam os gregos. Em noites claras, miríades de estrelas formam esbranquiçado clarão que sugere uma estrada leitosa.

A Via Láctea tem aproximadamente 100 bilhões de estrelas!

Há algo ainda mais incrível: existem bilhões de galáxias!

Ocupam um espaço tão amplo que para mensurá-lo usa-se medida especial: o ano-luz.

Trata-se da distância que a luz percorre num ano, considerando-se que sua velocidade é de aproximadamente 300 mil quilômetros por segundo!

Modernos instrumentos detectam astros que estão situados a bilhões de anos luz!

∽

Concebem hoje os cientistas que o Universo é finito, em dois aspectos: quanto ao tempo - desaparecerá em remoto futuro; quanto à extensão - está delimitado por inabordáveis fronteiras.

Perfeitamente lógico.

Assim como a Terra é um planeta, o sol é uma estrela na imensa galáxia; e a Via Láctea é uma dentre incontáveis similares. Ou seja, nosso Universo não é obra solitária do Criador.

Universos nascem, desenvolvem-se, definham e morrem no espaço infinito, muito além do que concebe nossa imaginação.

∽

O pintinho pergunta à galinha:

- Mamãe, onde termina o Mundo? No extremo do ninho?

- Não, meu filho. Termina lá no fundo, onde está a cerca.

Um Mundo bem pequeno, até onde vai o entendimento da galinha.

A história é ilustrativa.

Para o homem antigo, o Universo terminava nos limites da Terra. O céu era o teto do Mundo. As estrelas, meros enfeites luminosos, um cercado bem próximo concebido pela ignorância.

Hoje sabemos muito mais, enxergamos bem mais longe... Ainda assim, apenas molhamos os pés no oceano do conhecimento.

∽

É tudo tão perfeito, tão grandioso que nos parece incrível as criaturas humanas envolver-se em mesquinhos interesses imediatistas, perdendo tempo com ninharias.

Progredimos muito materialmente, mas espiritualmente estamos ao rés-do-chão, às voltas com perturbações e sofrimentos gerados por nossa inconsequência.

É que ainda não nos decidimos a contemplar o Infinito, no sentido de cultivar um pouco de amor pelo sagrado. Só assim poderemos captar a mensagem do Céu nos astros cintilantes, como exprime admiravelmente Olavo Bilac:

"Ora (direis) ouvir estrelas! Certo
Perdeste o senso!" E eu vos direi, no entanto,

Que, para ouvi-las, muita vez desperto
E abro as janelas, pálido de espanto...

E conversamos toda a noite, enquanto
A Via Láctea, como um pálio aberto,
Cintila. E, ao vir do sol, saudoso e em pranto,
Inda as procuro pelo céu deserto.

Direis agora: "Tresloucado amigo!
Que conversas com elas? que sentido
Tem o que dizem, quando estão contigo?"

E eu vos direi: "Amai para entendê-las!
Pois só quem ama pode ter ouvido
Capaz de ouvir e de entender estrelas."

OS SEGREDOS DO UNIVERSO

Como criou Deus o Universo?
Para me servir de uma expressão corrente, direi: pela sua Vontade. Nada caracteriza melhor essa vontade onipotente do que estas belas palavras da Gênese - "Deus disse: Faça-se a luz, e a luz foi feita."

Questão 38

Ao ligarmos na tomada o recinto escuro, é inundado de claridade, permitindo-nos visualizar o que ali está.

Mais exatamente enxergamos sua imagem conduzida pela luz até nossos olhos. Estes funcionam como câmeras de vídeo registrando as emissões luminosas que produzem o fenômeno da visão no cérebro. Isso significa que, quanto mais distante estivermos, mais tempo levaremos para tomar conhecimento da imagem que chega.

Como a luz viaja à velocidade de aproximadamente 300 mil quilômetros por segundo, um objeto a três metros de distância será visualizado em milionésimo de segundo, fração de tempo imperceptível para nós.

A diferença se faz sentir quando observamos o firmamento.

O Sol, por exemplo, está a aproximadamente 149 milhões de quilômetros. Contemplamos sua imagem com uma defasagem de oito minutos.

Se fotografarmos uma estrela situada a 1000 anos-luz, registraremos como ela era há dez séculos. No céu, portanto, contemplamos o passado. Vemos estrelas que talvez não existam mais... Não vemos aquelas cuja luz ainda não chegou com a notícia de seu nascimento...

Imaginemos um planeta situado no centro da Via Láctea, há aproximadamente 30 mil anos-luz. Hipotético morador, usando um supertelescópio, registraria como viviam nossos ancestrais.

Seria possível realizar um completo levantamento da Terra, desde os seus primórdios, simplesmente fotografando nosso planeta, a distâncias progressivas, com instrumental ótico adequado.

Outro aspecto curioso relacionado com a Astronomia diz respeito à nossa condição de viajores do Infinito, passageiros de uma imensa nave espacial - a Terra, que se desloca vertiginosamente, obedecendo a vários movimentos.

Alguns deles:

- Em torno do próprio eixo.
- Em torno do Sol.
- Em torno de determinada região do Cosmo, acompanhando a Via Láctea.

No entanto, a Terra parece absolutamente imóvel, porquanto faltam-nos elementos de referência.

Viajando num trem, constatamos que ele desloca observando as imagens que se sucedem na paisagem. Se fecharmos os olhos, haverá o barulho das rodas. Se taparmos os ouvidos, restará o sacolejo sobre os trilhos. Eliminado o atrito e sem nada ver ou ouvir, teremos a impressão de que o trem está imóvel.

É exatamente o que ocorre com a nave terrestre. O Sol e as estrelas estão muito distantes para servirem de referência visual, e nosso planeta desloca-se suavemente pelo espaço infinito.

Fica a impressão de absoluta imobilidade.

A Astronomia progrediu notavelmente neste século.

Modernos instrumentos permitem muito mais do que simplesmente observar o movimento dos astros. Pode-se, por exemplo, com o uso do espectroscópio, que decompõe a luz que chega das estrelas, definir de que são feitas, sua idade, velocidade, distância, tamanho, luminosidade...

O Efeito Doppler, uma análise espectral que define a direção das estrelas, demonstra o Universo em expansão. Isso sugere que houve um momento em que toda a matéria existente esteve tão incrivelmente comprimida que poderia ter a forma de minúsculo ovo.

Há aproximadamente 15 bilhões de anos, houve o que os cientistas chamam de Big Bang, não propriamente uma explosão, mas um movimento violento de expansão, com tal concentração energética que se fez naquele momento uma monumental luz.

Nascia o Universo.

∽

Os místicos sempre intuíram como tudo começou.

Na milenar civilização hindu, concebe-se que um ovo dourado produzido pela divindade se rompeu em determinado momento dando origem ao Universo.

Na Bíblia, a imagem poética:

Faça-se a luz e a luz se fez...

Pairando acima de cientistas e religiosos, temos a figura augusta do Cristo, luz intensa que brilhou na Terra há dois mil anos, permitindo-nos identificar a força suprema que movimenta o Universo e sustenta a vida.

Chama-se Amor.

⁓

Viajores da Eternidade, deslocando-nos em velocidade vertiginosa pelo Infinito, a bordo da nave Terra, tranquila seria nossa jornada se exercitássemos amor.

Jesus, que amou intensamente, legou-nos a fórmula ideal:

Tudo o que quiserdes que os homens vos façam, fazei-o assim também a eles.

Quando, num prodígio de entendimento e harmonização, todos os homens seguirem essa orientação, teremos a mais espantosa revolução na sociedade humana. Cessarão os desníveis sociais absurdos que fazem a vergonhosa convivência entre a miséria e a opulência... Acabaremos com a fome e a desolação... Ninguém se sentirá feliz em casa confortável, com belo guarda-roupa e sortida despensa, enquanto existirem multidões que não têm onde morar, o que vestir, o que comer...

Inibindo o amor, há o velho egoísmo humano, que nos leva a racionalizações para justificar a omissão diante dos pobres de todos os matizes. São eleitos de Deus, que lhes impõem males e privações para conduzi-los ao Céu - explicam muitos religiosos... Estão resgatando débitos cármicos - dizem muitos espíritas...

Madre Teresa de Calcutá, a grande servidora do Cristo, comenta sabiamente:

Falar sobre os pobres está em moda, mas conhecer, amar e servir aos pobres é coisa bem diferente.

Talvez, consigamos algo nesse sentido se cultivarmos um pouco de compaixão; se, diante das misérias humanas, a gente ter dó, como se diz popularmente.

Compadecendo-nos, venceremos o imobilismo, e talvez sejamos até capazes de vivenciar o amor, cujo melhor sinônimo, aquele que melhor o explicita, é o verbo servir.

A propósito, diz um sábio judeu que aprendeu o verdadeiro amor ao próximo ouvindo a conversa de dois aldeões.

Dizia o primeiro:

- Diga-me, amigo João, você gosta de mim?

- Claro! Sou seu amigo. Gosto muito de você.

- Você sabe, amigo João, o que me dói?

- Ora, como posso saber o que lhe dói?

- Mas, João, se você não sabe o que me dói, como pode dizer que gosta de mim?

Conclui o sábio:

O verdadeiro amor ao próximo consiste em saber o que dói no outro.

❧

De lição em lição, aprendemos o que é o amor.

Um dia nos disporemos a exercitá-lo.

Então, o Universo não terá segredos para nós.

Seremos parte dele, integrados no infinito amor de Deus.

O QUE VIEMOS FAZER

Quando começou a Terra a ser povoada?
No começo tudo era caos; os elementos estavam em confusão. Pouco a pouco, cada coisa tomou o seu lugar. Apareceram então os seres vivos apropriados ao estado do globo.

Questão 43

O simplório camponês observava o escultor trabalhando a pedra bruta. Aos poucos, ante os golpes do cinzel, habilidosamente usado, surgia uma figura humana.

Concluída a escultura, perguntou admirado:

- Como vosmecê descobriu que essa estátua estava escondida na pedra?

∽

A história lembra um pouco a criação de Adão, na Bíblia.

Deus tomou um pouco de barro, deu-lhe forma humana, soprou-lhe as narinas e surgiu o primeiro homem.

- Que mágica foi essa? - perguntaria o mesmo espectador, imaginando a existência de uma alquimia secreta para a prodigiosa transformação.

Há algo de real escondido na fantasia bíblica. Podemos situar o barro como o símbolo dos elementos químicos usados por Deus para criar o homem.

Há aproximadamente quatro bilhões e meio de anos, a Terra era uma gigantesca fornalha, miniatura do sol. Um bilhão de anos mais tarde, com o esfriamento do planeta, formou-se uma fina camada, a crosta terrestre.

Em seguida, alterações atmosféricas produziram chuvas torrenciais que durante milhões de anos desceram sobre o planeta, dando origem aos oceanos.

Qual gigantesco caldo quente, a massa líquida ofereceu condições para o aparecimento dos primeiros seres vivos, organismos microscópicos, cuja expressão mais simples é o vírus.

A partir daí, como expõe Darwin em sua teoria evolucionista, eles se desenvolveram paulatinamente em complexidade e forma, até atingir, bilhões de anos mais tarde, condições para o aparecimento do Homem.

∽

As células, peças vivas que compõem os seres da criação, são extremamente especializadas, sustentando em cada indivíduo, do reino vegetal ou animal, uma estrutura física compatível com sua espécie.

Há células para a pele, para os olhos, para o cérebro, para o aparelho digestivo, para os órgãos reprodutores... Com os vegetais acontece o mesmo mecanismo, envolvendo semente, casca, folhas...

Que força milagrosa sustenta seu funcionamento harmonioso, coeso e disciplinado, qual exímio maestro a reger prodigiosa orquestra?

Por outro lado, como os seres vivos conservam a capacidade de se autoaprimorar, programados para incorporar experiências e informações como uma pedra que moldasse a si mesma, convertendo-se numa escultura, ou um barro que se organizasse para o aparecimento do homem?

A Ciência jamais encontrará resposta convincente a essas indagações enquanto suas vistas estiverem voltadas para a matéria, sem cogitar do que os olhos não vêem.

Aprendemos com a Doutrina Espírita que existe um modelo organizador: um organismo semimaterial que sustenta a unidade orgânica e que sobrevive à desagregação celular provocada pela morte. É o perispírito ou corpo espiritual, veículo intermediário que possibilita ao Espírito o mergulho na carne.

Todas as formas de vida são sustentadas por esse modelo que se aprimora incessantemente, acompanhando a evolução do ser pensante, a individualidade eterna que ontem foi apenas um princípio espiritual a animar os seres inferiores da criação.

Desde a matéria primitiva à consciência, desde o barro à humanidade, um longo caminho foi trilhado. Atingimos culminâncias. Detemos tão prodigioso desenvolvimento mental e intelectual que até há entre nós gente inchada de ciência que duvida de nossa origem divina, como o fruto a negar a árvore que o produziu.

Há algo bem mais importante do que questionar nossas origens: definir por que estamos aqui.

Numa pesquisa, a seguinte pergunta:

- O que você procura?

Respostas variadas.

A maioria:

- Curtir a vida.

- Ser feliz.

- Ter conforto e riqueza.

- Conquistar prestígio e poder.

Resumindo: as pessoas estão presas ao imediatismo terrestre. Nada sabem nem querem saber quanto às finalidades da existência terrestre. É lamentável.

Como evitar desvios se não cogitamos das metas que nos compete atingir? Impossível cumprir um planejamento sem conhecimento mínimo do que deve ser feito.

⁓

No livro Vida Antes da Vida, a Dra. Helen Wambach, psicóloga norte-americana, reporta-se à experiência de regressão de memória que fez com centenas de voluntários, levando-os ao limiar da presente existência.

Dentre variadas perguntas apresentadas, uma fundamental:

Com que objetivo você reencarnou?

Cerca de 25% reencarnaram para desenvolver experiências de aprendizado sobre si mesmos e sobre a vida. 18% reencarnaram para se harmonizar com seus familiares. 18% reencarnaram para cultivar os valores do amor, aprendendo a se doar em favor dos semelhantes. 27% reencarnaram para crescer espiritualmente, vinculando-se à orientação das pessoas. Os restantes 12% tinham objetivos variados:

- Reencarnei para vencer o medo...

- Reencarnei para livrar-me do materialismo...
- Reencarnei para cultivar a humildade...
- Reencarnei para exercitar uma liderança construtiva...
- Reencarnei para treinar o contato com os irmãos do espaço...

Diz a psicóloga:

Em síntese, as razões para as pessoas escolherem esta vida na Terra não foram, especificamente, com vistas ao desenvolvimento de seus próprios talentos. Em vez disso, os objetivos consistiam em aprender a se relacionarem com outros e a amarem sem exigências ou possessividade.

Outro aspecto muito interessante: quase todos traziam uma orientação básica para que pudessem cumprir sua programação - fazer ao semelhante o bem que gostariam de receber dele.

A regra áurea de Jesus surge como a suprema orientação do Espírito ao reencarnar.

⁓

Assim como as pessoas pesquisadas por Helen Wambach, muitos de nós reencarnamos com propósitos edificantes, relacionados com nosso progresso, o combate aos vícios e às paixões, o domínio sobre nós mesmos, a prática do Bem, o empenho de renovação.

Uma perguntinha: Estamos cumprindo essa programação?

E mais: Não serão nossas angústias e inquietações, desajustes e perturbações, dores e enfermidades, as meras consequências do descompasso entre o que planejamos e o que fazemos?

Um bom assunto para conversar com nossos botões...

MANDAR PARA OS QUINTOS

A espécie humana começou por um único homem?

Não; aquele a quem chamais Adão não foi o primeiro, nem o único a povoar a Terra.

Questão 50

Um amigo dizia:

- Os grandes males de nosso mundo têm sua origem nas minorias articuladas, inteligentes, ambiciosas e perversas, que se instalam nos governos, nas corporações, nas forças militares, nos órgãos de classes, nas milícias terroristas, nas organizações criminosas, a semear discórdia, vício e violência...

E suspirava:

- Ah! Se fosse possível reunir essa cambada num foguete espacial e mandar para os quintos... Viveríamos num paraíso!

Embora desconhecendo a Doutrina Espírita, nosso impetuoso amigo chegou perto do que nos reserva o futuro. Esse expurgo deverá ocorrer quando for decidido pelo governo espiritual de nosso planeta.

No espaço de uma geração, na medida em que retornem ao Além, os Espíritos recalcitrantes no mal encarnarão em planetas inferiores, enfrentando limitações e dores superlativas que funcionarão como solventes das sombras incrustadas em sua personalidade, até que resplandeça a luz que identifica sua filiação divina.

～

Algo semelhante ocorreu com os capelinos. No livro *A Caminho da Luz*, psicografia de Francisco Cândido Xavier, Emmanuel reporta-se a Espíritos degredados na Terra.

Vieram do sistema de Capela, na Constelação de Cocheiro, situado 42 anos-luz de nosso planeta.

Diz o autor espiritual:

Há muitos milênios, um dos orbes da Capela, que guarda muitas afinidades com o globo terrestre, atingira a culminância de um dos seus extraordinários ciclos evolutivos.

As lutas finais de um longo aperfeiçoamento estavam delineadas, como ora acontece convosco relativamente às transições esperadas no século XX, neste crepúsculo de civilização.

Alguns milhões de Espíritos rebeldes lá existiam,

no caminho da evolução geral, dificultando a conso-
lidação das penosas conquistas daqueles povos cheios
de piedade e virtudes, mas uma ação de saneamento
geral os alijaria daquela humanidade, que fizera
jus à concórdia perpétua para a edificação dos seus
elevados trabalhos.

As grandes comunidades espirituais, diretoras
do Cosmos, deliberaram, então, localizar aquelas
entidades que se tornaram pertinazes no crime aqui
na Terra longínqua, onde aprenderiam a realizar,
na dor e nos trabalhos penosos do seu ambiente, as
grandes conquistas do coração e impulsionando,
simultaneamente, o progresso dos seus irmãos in-
feriores.

Muito adiante do homem terrestre em inteligência e cultura, os exilados de Capela pro-
moveram notável surto de progresso em nosso
planeta. Deles originaram-se o grupo dos Árias,
a civilização do Egito, o povo de Israel e as cas-
tas da Índia, denominados genericamente raças
adâmicas por Emmanuel.

Durante os milênios em que estiveram na Terra,
guardavam, como era natural, imensa saudade do
planeta de origem. Lá, os seres amados, o conforto,
a segurança... Aqui, a soledade, as limitações e os
perigos de uma existência embrutecida, próxima
das cavernas...

Algo como o europeu rico e culto condenado a viver na pele de um aborígine australiano.

❧

As nostálgicas lembranças que povoavam seus sonhos exerceram poderosa influência em suas concepções religiosas, com a certeza de que haviam sido expulsos de um paraíso.

Ao longo dos milênios, purgaram suas culpas e, redimidos, retornaram ao planeta de origem. Poucos permanecem entre nós.

Imaturo, na infância do entendimento, o homem terrestre não conseguiu administrar adequadamente a herança dos capelinos. Desagregaram-se as grandes civilizações que eles instalaram... Perdeu-se seu acervo cultural... Restou apenas a ideia do paraíso perdido, que deu origem à alegoria do Velho Testamento.

❧

A propósito, peço licença ao leitor para reportar-me a um assunto já desenvolvido no livro *A Constituição Divina*, para alguns acréscimos.

Segundo a Bíblia, Adão e Eva foram instalados no Jardim do Éden, onde viveriam felizes para sempre. Não teriam dores, nem problemas ou dificuldades. Não experimentariam a velhice, a doença, a morte... Uma única condição deveria ser observada: não comer o fruto de determinada arvore.

Embora o texto bíblico não faça a mínima referência quanto à sua natureza, conceberam os teólogos medievais que ele simbolizava o sexo.

Adão e Eva não deveriam ter relações sexuais, puro sadismo divino, já que possuíam órgãos genitais conforme ocorre com todos os seres vivos e, também, instinto para o acasalamento.

Por conta dessa extravagante interpretação, durante muitos séculos a atividade sexual foi anatematizada, situada como algo sujo e pecaminoso, fonte eterna para piadas de mau gosto.

Sexo prescrevia-se somente com a finalidade de procriação, e que estivessem convenientemente vestidos os parceiros, porquanto se proscrevia a nudez compartilhada.

～

O problema da gênese bíblica é o descompromisso com a lógica. Deixando de lado o sexo, que estava apenas na cabeça dos teólogos, o pecado de Adão e Eva, segundo a Bíblia, foi comer o fruto proibido da árvore do bem e do mal. Traduzindo: eles deveriam ser inocentes, não poderiam ter o conhecimento necessário para distinguir o certo do errado.

Mas como poderiam incorrer em desobediência se após saboreá-lo é que souberam o que é obedecer?

Moral da História: Adão e Eva seriam eternos e viveriam felizes para sempre se não se atrevessem a exercitar os miolos.

～

Perdendo o paraíso, o casal submeteu-se às sanções divinas: Adão deveria ganhar o pão de cada dia com o suor do rosto. O trabalho seria o seu castigo, chamado a cuidar de uma terra onde haveria *cardos e abrolhos*, problemas e dificuldades a perturbá-lo...

Eva enfrentaria o parto doloroso. Daria à luz em meio a dores terríveis... O mais incrível - a sentença divina estendia-se à raça humana para sempre!

Nem o mais perverso e cruel déspota imaginaria semelhante castigo. A própria justiça terrestre, não obstante suas imperfeições concebe, elementarmente, que a responsabilidade do crime não deve transcender a figura do criminoso. Ninguém responde por faltas alheias. O filho não pode ser castigado por um crime cometido por seu pai.

Os herdeiros do original casal não parecem dispostos a cumprir as sanções divinas. Feriados, férias e aposentadoria liberam o homem de esforço pelo ganha-pão diário. Modernos recursos de anestesia, exercícios e técnicas de relaxamento driblam as dores do parto.

O que diriam os defensores do texto bíblico?

Incompetência do Criador, incapaz de sobrepor-se à esperteza da criatura?

Jeová parece perplexo em alguns momentos com as peraltices de seus filhos, tanto que em Gênesis (6:6), está registrado que se arrependeu de ter criado o homem.

As incoerências vão adiante com o nascimento de Abel e Caim. Caim matou seu irmão Abel e fugiu para a Terra de Node, ao oriente do Paraíso. Ali conheceu sua mulher e com ela teve o filho Enoque. Depois edificou uma cidade.

Estranho que Caim tenha encontrado uma mulher, porquanto não havia vivalma na Terra, além do próprio e seus pais.

E como edificar uma cidade sem gente para habitá-la?

Numa época de extraordinário surto científico, em que a antropologia e a arqueologia desvendam as origens do ser humano, é espantoso que ainda existam pessoas a acreditar piamente que tudo aconteceu como está na Bíblia.

Não há porque insistirmos na fantasia, temendo os avanços da Ciência. Ela própria não demorará muito a aceitar a presença do Espírito eterno a animar e intelectualizar esta mal cuidada máquina de carne e osso que serve ao nosso trânsito pela Terra.

Então, renunciaremos em definitivo aos exercícios de ingenuidade para uma visão mais ampla das realidades universais, desde nossas origens à gloriosa destinação que Deus nos reserva.

Estaremos todos conscientes de que, com um pouco de boa vontade, viveremos num paraíso.

Para os quintos, somente as exceções....

RACISMO

Pelo fato de não proceder de um só indivíduo a espécie humana, devem os homens deixar de considerar-se irmãos?

Todos os homens são irmãos em Deus, porque são animados pelo espírito e tendem para o mesmo fim...

Questão 54

Lembro de uma charge em que se via um casal de nobres ingleses, ambos esnobes e orgulhosos, contemplando uma galeria de retratos de seus antepassados, onde estavam reis, príncipes, lordes, duques...

Sobre suas cabeças, uma imensa árvore genealógica mostrava bandidos, piratas, bárbaros, índios, trogloditas, até chegar às suas origens - um casal de macacos.

Não eram seres especiais os empertigados britânicos. Descendiam, como todo o gênero humano, dos símios antropóides. As diferenças quanto ao tipo físico, cor da pele, estrutura, altura, comportamento e costumes guardam sua gênese em fatores geográficos, climáticos, de alimentação e cultura...

Não chegamos a perceber essas mutações

porque são extremamente lentas. Ocorrem ao longo dos milênios.

Por outro lado, há uma tendência para a fixação de determinadas características que identificam as raças. É como se Deus houvesse preparado vestimentas variadas para os Espíritos que reencarnam, diversificando suas experiências evolutivas, em aprendizado compatível com suas necessidades.

∽

O amplo conhecimento acumulado sobre nossas origens e a evidência de que temos em comum o fato de que nossos ancestrais moravam nas árvores não têm sido suficiente para eliminar um dos males mais lamentáveis da sociedade humana: o preconceito racial.

Inspira-se na pretensão de que um homem é melhor, superior a outro, por causa da cor de sua pele, estrutura física, nacionalidade...

Nos Estados Unidos foi preciso uma guerra civil para acabar com o desumano regime escravocrata. Até a década de 1960, o país mais rico e poderoso da Terra, que sempre se arvorou em campeão da democracia, praticava a segregação racial. A maioria branca impunha humilhantes restrições aos negros, que não podiam frequentar as mesmas escolas, sanitários públicos, clubes, hospitais...

Na África do Sul, em pleno continente africano, uma minoria de origem europeia sustentou durante decênios a separação radical, relegando os donos da casa a posições de subalternidade.

No Brasil, não obstante a índole fraterna de nosso povo, durante mais de três séculos muitos achavam natural a existência de homens transformados em bestas de carga.

Estamos livres da nódoa da escravidão, mas não do preconceito racial, com poucas chances para os negros se livrarem de uma condição social inferior.

Nos Estados do Sul, os nordestinos são marginalizados e menosprezados, como se não fossem brasileiros, como se pertencessem a uma raça inferior.

Algo semelhante ocorre em países ricos da Europa, como França e Alemanha, onde há forte resistência contra minorias que vêm de países pobres buscando melhores condições de vida.

Sanseis e niseis, descendentes de colonos japoneses que vão trabalhar no Japão, enfrentam o mesmo problema, relegados ao exercício de tarefas braçais.

∽

Outro exemplo marcante envolve os judeus. Não obstante sua cultura e inteligência foram discriminados e perseguidos ao longo da História. Na Alemanha de Hitler, a população aceitou passivamente sua iniciativa de exterminá-los, quando seria muito mais razoável encaminhar o ditador para o hospício.

Os descendentes de Abraão, por sua vez, não têm feito melhor. Imbuídos da ideia do povo escolhido por Jeová, cultivam insuperável racismo. Isso está tão entranhado em sua mentalidade que desde o ano 70 da era cristã, quando Jerusalém foi arrasada por Tito e foram dispersos pelo Mundo, os judeus conservaram sua nacionalidade, mesmo sem um território, o que só aconteceu em 1948 com a proclamação do Estado de Israel. Hoje, discriminam os árabes, particularmente os palestinos, aos quais negam o direito elementar de terem seu próprio país.

A Doutrina Espírita tem uma valiosa contribuição em favor da extinção dos preconceitos raciais, revelando que somos todos Espíritos em evolução, submetidos à experiência reencarnatória. E que podemos ressurgir na Terra como negros, brancos ou amarelos, em qualquer continente ou região, de conformidade com nossos compromissos e necessidades.

Não há porque cultivar discriminações, não só porque temos todos a mesma origem, que se perde na noite dos tempos, mas sobretudo porque a Lei Divina determinará inexoravelmente que reencarnemos entre aqueles que discriminamos.

Há inúmeros relatos em obras mediúnicas dando-nos notícia de fazendeiros que judiavam dos negros. Retornaram como escravos africanos.

Antisemitas voltam como judeus para sentir na própria pele o que é esse preconceito. Da mesma forma, judeus convictos de que pertencem a uma raça superior, escolhida por Deus, ressurgem no seio dos povos que julgam inferiores.

Aprendemos com Jesus que o amor ao próximo equivale a amar a Deus. Isso significa que é absolutamente impossível reverenciar o Criador discriminando suas criaturas. Além disso, não há porque menosprezar alguém por causa de sua cor, raça, nacionalidade. Afinal, por mais que isso nos contrarie e constranja quando vinculados a movimentos segregacionistas, somos todos irmãos. Descendentes dos primatas como homens perecíveis... Filhos de Deus como Espíritos eternos. E à luz da reencarnação fica sempre a ideia de que o preconceito racial é, sobretudo, insensato ou, mais popularmente, um exercício de burrice.

Toda discriminação é véspera de transferência compulsória para o lado discriminado.

DEPENDE DE NÓS

São habitados todos os globos que se movem no espaço?

Sim, e o homem terreno está longe de ser, como supõe, o primeiro em inteligência, em bondade e em perfeição. Entretanto, há homens que se têm por Espíritos muito fortes e que imaginam pertencer a este pequenino globo o privilégio de conter seres racionais. Orgulho e vaidade! Julgam que só para eles criou Deus o Universo.

Questão 55

Em 20 de julho de 1969, do local mais distante jamais alcançado pelo homem, a aproximadamente 380 mil quilômetros da Terra, um astronauta pronunciou uma frase de efeito que foi ouvida no mundo inteiro, onipresença sustentada por incontáveis receptores de rádio e televisão.

Um pequeno passo para um homem, um grande passo para a Humanidade.

Seu autor, Neil Armstrong, falava da Lua,

comemorando a culminância do Projeto Apólo, desenvolvido pelos Estados Unidos com o objetivo de conquistar nosso satélite, com a prioridade de chegar lá antes dos soviéticos.

Isso era importante para o ego de *Tio Sam*, abalado pelas sucessivas conquistas dos comunistas desde o vôo vitorioso de Yuri Gagarin, o primeiro astronauta.

A chamada corrida espacial consumiu montanhas de dinheiro, gerando sérios problemas econômicos para os dois gigantes.

Se mérito houve nesse delírio megalomaníaco, quando seria mais ajuizado atender as carências do povo, foi o de favorecer o esfacelamento e a liquidação do regime comunista russo, exaurido por tanto dinheiro literalmente jogado para o espaço.

～

As pretensões atuais são bem mais modestas, limitando-se ao envio de sondas espaciais que permitam examinar planetas e satélites de nosso sistema solar, com o propósito fundamental de verificar se há vida, ainda que primitiva e elementar, fora da Terra.

As possibilidades, segundo os cientistas, são remotíssimas. Mercúrio e Vênus, próximos do Sol, são muito quentes. Marte, Júpiter, Saturno, Urano, Netuno e Plutão, mais distantes, são muito frios. Essa constatação parece contradizer o princípio espírita presente na Codificação, segundo o qual não há mundos desabitados no Universo.

É que os cientistas consideram como seres viventes organismos dotados de uma estrutura biológica material, visível, palpável, detectável pelos sentidos ou por instrumental.

A vida, aprendemos com a Doutrina Espírita, espraia-se em dimensões extra-físicas, no plano espiritual, em faixas de vibração inacessíveis à ciência terrestre, derramando-se, infinita, pelos mundos sem fim. Por isso são habitados todos os globos que se movem no espaço.

A propósito, é interessante lembrar que estranhas reações aconteceram com os astronautas que participaram de várias missões do Projeto Apólo. Segundo notícias da época, alguns passaram por perturbadoras experiências espirituais.

Difícil atribuir seus problemas a meras tensões próprias da profissão, já que o astronauta é um indivíduo cuidadosamente selecionado, com nervos de aço e adequado treinamento para as aventuras espaciais.

Segundo antigas tradições religiosas, a Lua seria uma espécie de purgatório, onde fazem estágios reparadores Espíritos que na vida física estiveram comprometidos com o vício e o crime.

Em toda fantasia há sempre algo de realidade. Poderíamos situar nosso satélite como uma prisão temporal, em que almas sentenciadas purgam suas mazelas. O ambiente denso, pesado, gerado por suas vibrações perturbadoras, poderia perfeitamente afetar os astronautas, aptos a enfrentar situações de emergência, mas despreparados para suportar aquela pressão psíquica.

Poderíamos ir um pouco adiante, lembrando as fantasias do lobisomem, homens que se transformam em lobos vorazes por ocasião das noites de lua cheia.

É evidente que ninguém passa por essa metamorfose, definida como licantropia, mas levantamentos estatísticos parecem confirmar que nesse período há um aumento da agressividade entre os homens, como se pessoas com tendência à violência fossem influenciadas pelas vibrações de invisível população lunar.

Não é à-toa, certamente, que se usam expressões assim:

De lua - mal humorado.

Aluado - perturbado mentalmente.

Lunático - maluco.

Podemos até questionar o culto dos amantes à lua cheia. Não seriam, em grande parte, os arroubos românticos que inspira meros impulsos passionais voltados para o desejo sexual, envolvendo pessoas que sintonizam com as vibrações de nosso satélite?

⌒

Há outro aspecto interessante: à luz da Doutrina Espírita, podemos situar a Astrologia como uma pseudociência. Os astros não exercem nenhuma influência na formação de nossa personalidade. Não somos moldados de conformidade com sua posição no céu ao nascermos.

Somos, essencialmente, o somatório de nossas experiências passadas, em tempo próximo ou remoto, em vidas anteriores ou na existência atual.

As próprias influências ambientais, destacadas pelos psicólogos como condicionantes, afetam-nos apenas na medida de nossas necessidades evolutivas. Somos, antes de tudo, herdeiros de nós mesmos.

Nota-se, inclusive, que o chamado perfil astrológico, aquele que define a personalidade do indivíduo de acordo com o mês de nascimento, é feito de generalidades. Assim, fica fácil enquadrar o consulente no signo relacionado com seu nascimento.

Se eu apontar dez características de sua personalidade, meu caro leitor, usando o mesmo método, tenho certeza de que acertarei pelo menos cinco, e você ficará admirado com minha "lucidez".

O próprio mapa astrológico, que fala dos sentimentos e acontecimentos que caracterizarão nosso dia, também contém generalidades. Assim, algo do que está escrito sempre terá correspondência nas experiências que vivenciaremos. Isso pode acontecer até por uma questão de condicionamento. Uma pessoa sente-se muito feliz porque leu que seu dia será assim. Outra sente-se enferma porque seu signo está em baixo astral.

❧

Podemos admitir que sofremos influências de Marte, de Júpiter, da Lua, de uma estrela...

Consideremos, entretanto, que isso não acontece, porque nossa personalidade, tendência e destino tenham sido moldados por eles, que passavam no Céu por ocasião de nosso nascimento. Apenas sintonizamos com seu padrão vibratório.

Essa influência não se limita aos indivíduos de determinado signo. É sentida por todos aqueles que estão em harmonia vibratória com determinado mundo, independente da data de seu nascimento.

Sendo fruto de nosso comportamento, de nossa maneira de ser, podemos perfeitamente mudar a sintonia, deixando, por exemplo, impulsos agressivos ou passionais que nos harmonizam com a Lua, e cultivando valores espirituais que nos permitam colher influências benéficas de mundos mais evoluídos.

Os astros não governam nossas vidas, não fazem nosso destino, mas sem dúvida podem nos influenciar em favor do Bem ou do mal, dependendo do rumo que imprimamos às nossas iniciativas.

Um dia, não sabemos quando - depende de nós -, não mais precisaremos das fantasias astrológicas para cogitar de nosso dia. Será sempre ótimo, coração cantando, ânimo elevado, disposição para o trabalho, relacionamento perfeito com as pessoas, ainda que enfrentando as dores e os problemas da Terra, porquanto, depurados de mazelas e harmonizados com a Vida, estaremos em sintonia com a esfera resplandecente do Cristo, nas vizinhanças de Deus.

VIDA ABUNDANTE

É a mesma a força que une os elementos orgânicos e inorgânicos?

Sim, a lei de atração é a mesma para todos.

Há diferença entre a matéria dos corpos orgânicos e a dos inorgânicos?

A matéria é sempre a mesma, porém nos corpos orgânicos está animalizada.

Qual a causa da animalização da matéria?

Sua união com o princípio vital.

Questões 60 a 62

No século XVII, Descartes formulou sua doutrina mecanicista, segundo a qual o Universo pode ser situado como uma imensa máquina, e que a diferença entre seres orgânicos e inorgânicos, entre os que têm vida e os inanimados, é determinada pela disposição de suas estruturas e o modo de seus movimentos. É uma teoria reducionista. Reduz todas as diferenças a uma simples arrumação da matéria.

Em contraposição, temos o vitalismo. Há um

princípio vital, imponderável, irredutível, responsável pelos fenômenos da vida. A Doutrina Espírita é vitalista. Ensina que o princípio vital manifesta-se a partir do contato do Espírito com a matéria.

Leia-se princípio espiritual e matéria quando se trata dos seres inferiores da criação, situados como consciências embrionárias ou embriões espirituais.

Podemos especular sobre o princípio vital, situando-o como elemento vivificador, fluido universal modificado, fluido elétrico animalizado, fluido magnético, elo entre o Espírito e a matéria, produto do funcionamento dos órgãos sob impulso do Espírito, mas há uma única certeza: ele existe.

Sustenta a vida assim como a eletricidade, que também é um mistério, faz funcionar a máquina que imprimiu este texto.

∽

Um companheiro espírita explicava:
- Todos recebemos fluido vital para determinado número de anos. Se houver problemas, os mentores espirituais injetarão mais, até completar-se o tempo de nossa existência...
Trata-se de um equívoco que favorece outro - o

de que ninguém morre antes da hora.

A Doutrina Espírita é bem clara a esse respeito, levantando o problema do suicídio inconsciente. É consumado por pessoas que se recusam a admitir que vícios e desregramentos aniquilam o corpo, abreviando, indevidamente, a jornada humana.

Podem morrer na plenitude de suas forças, vitimadas por pane no sistema circulatório, em face do comportamento indisciplinado.

Um homem robusto e saudável sofre fulminante síncope cardíaca. Comenta-se:

- Que bela morte!... Ruim para a família, mas muito bom para ele. Partiu sem sofrimento...

Julgar bonito esse jeito de morrer é questão de opinião, mas não há porque considerá-lo um bem para o finado, um alguém que cultivava vida sedentária, descuidado com a alimentação, gordura em excesso. Além disso, bilioso, elétrico, irritadiço, dado a explosões de cólera... Uma receita perfeita para fulminante implosão cardíaca apesar de não lhe faltar exuberante vitalidade.

Se tudo dependesse simplesmente de receber cargas de fluido vital, poderíamos perpetuar a vida física com o auxílio da Espiritualidade.

Isso não acontece porque o corpo participa do

processo. Com o enfraquecimento dos órgãos, em decorrência de velhice ou enfermidade, ele perde a permeabilidade para o fluido vital e a vida começa a extinguir-se.

No livro *Obreiros da Vida Eterna*, psicografia de Francisco Cândido Xavier, o Espírito André Luiz reporta-se a uma sobrevida que mentores espirituais deram a uma senhora, uma moratória de alguns meses.

Em princípio, poderíamos imaginar que lhe injetaram fluido vital para determinado número de dias, como quem coloca combustível num automóvel para alcançar certa quilometragem.

Nada disso.

Simplesmente fortaleceram o organismo debilitado para que produzisse sua própria vitalidade, por tempo reduzido, porquanto seus órgãos estavam à beira de falência irreversível.

O passe magnético, aplicado por passistas encarnados ou desencarnados, pode ser considerado uma transfusão de energia vital, mas, fundamentalmente, atua como uma "lubrificação" e "limpeza" do organismo, a fim de que tenha suas funções normalizadas.

Um detalhe curioso: às vezes o doente está prestes a morrer, com exíguas reservas de fluido vital, que se esvai rapidamente. O corpo não tem mais condições de produzi-lo ou retê-lo, como uma bateria esgotada.

A família em desespero, ao redor do leito, posta-se numa atitude de ansiosa expectativa, esperando por um milagre. Suas vibrações envolvem aquele corpo, quase sem vida, em ondas de fluido vital. Não evitarão a morte, mas prolongam a agonia, atrapalhando o desprendimento.

∽

Considerando que o fluido vital é obtido a partir de um perfeito ajuste psicofísico, é indispensável que observemos determinados cuidados:

Com o corpo: exercícios físicos e respiratórios, alimentação saudável, cuidados de higiene, trabalho disciplinado, repouso.

Com o Espírito: estudo, meditação, oração, leitura edificante, esforço da caridade.

Assim, circulará em nós a força da vida, a energia vital que sustentará a saúde física e o equilíbrio espiritual, e aproveitaremos integralmente o tempo concedido por Deus para a jornada terrestre.

∽

Proclama Jesus no capítulo décimo do Evangelho de João:

Vim para que tenhais vida, vida em abundância.

Obviamente, Jesus não se refere à extensão da vida, já que nenhuma estatística demonstra que os cristãos vivem mais. Espiritualmente não há nada a acrescentar. Somos imortais.

Também não se trata de mera dádiva do Céu a premiar uma profissão de fé. Há muitos cristãos cheios de convicção em existência vazia.

Vida em abundância é vida em plenitude: consciente, ativa, empreendedora, produtiva e, sobretudo, feliz.

É a vitalidade que circula em nossas veias quando o cérebro povoa-se de ideais cristãos e o coração funciona em ritmo incessante do serviço com Jesus.

ABOBRINHAS

A inteligência é atributo do princípio vital?
Não, pois que as plantas vivem e não pensam:
só têm vida orgânica. A inteligência e a matéria são
independentes, porquanto um corpo pode viver sem a
inteligência. Mas a inteligência só por meio dos órgãos
materiais pode manifestar-se. Necessário é que o Espíri-
to se una à matéria animalizada para intelectualizá-la.

Questão 71

Aquele índio nunca tivera contato com o homem branco.

Certa feita, em suas andanças, passou por pequena cidade. Aproximou-se de uma casa na periferia. Não havia ninguém. A porta estava aberta. Curioso, entrou.

Levou um susto quando ouviu um som agudo, estridente, emitido por estranho animal que estava sobre a mesa. Ficou a contemplá-lo, guardando prudente distância.

Que bicho seria aquele?

Vencendo o medo, aproximou-se. Estendeu a mão e pegou o que lhe parecia uma pata. Estranha voz saía de uma de suas extremidades. Ele falava!

Apavorado, largou o bicho e fugiu.

≈

O telefone é o que chamamos um ser inanimado. Não tem vitalidade nem inteligência. No entanto, pode assumir essas características. Vitalidade artificial, capaz de emitir sons, alimentada por corrente elétrica. Inteligência aparente, agente de alguém que fala por seu intermédio.

O corpo é o telefone usado pelo Espírito, vitalizado e intelectualizado a partir de sua presença.

≈

Quando falamos, o som é produzido por um complicado sistema de fonação. Articulamos as palavras e as pronunciamos com um timbre peculiar.

Mas o corpo é apenas um telefone, um instrumento que nós, Espíritos encarnados, usamos para nos comunicar nos domínios da matéria.

Nossa voz propaga-se pelo ar até atingir os receptores auditivos de nossos interlocutores. Comunicação precária.

Os Espíritos desencarnados podem usar a linguagem do pensamento, muito mais eficiente, da mesma forma que sempre conversaremos melhor com alguém num contato pessoal, dispensado o telefone.

❧

Uma pergunta que se impõe quando tratamos do assunto: O que é mais importante: o corpo ou o Espírito?

Não há dúvida quanto à resposta. O Espírito é infinitamente mais importante, da mesma forma que o homem sobrepõe-se a qualquer aparelho. Nosso grande problema reside justamente no fato de nos apegarmos ao *telefone* em detrimento do usuário imortal.

Consideremos o que interessa a um e outro. O homem precisa de alimentação, vestuário, moradia, segurança, conforto e repouso para uma vida efêmera, que raramente chega próximo a um século, insignificante gota no oceano da eternidade.

O Espírito tem outras necessidades, relacionadas com sua imortalidade, no campo da cultura, do conhecimento, do aprimoramento moral, valores que serão fundamentais ao seu bem-estar, onde estiver, encarnado ou desencarnado, na Terra ou no Além.

Imperioso que tenhamos nossa profissão, nosso emprego, nosso sustento, nossa casa, nossos bens materiais, mas quando isso tudo começa a ocupar demasiado espaço em nossa vida, começamos a marcar passo na jornada evolutiva e perdemos preciosas oportunidades de aprendizado e renovação.

⌒

Marta, Marta! Andas inquieta e te preocupas com muitas coisas; entretanto, uma só é necessária. Maria escolheu a melhor parte e esta não lhe será tirada!

Quem está familiarizado com o Evangelho conhece muito bem esta afirmativa de Jesus, registrada por Lucas (10:38 a 42).

O Mestre visitava as irmãs Marta e Maria. Imaginemos sua presença em nossa casa. Certamente largaríamos tudo e nos postaríamos a seu lado, bebendo-lhe as palavras, colhendo os benefícios de seu verbo sublime.

Exatamente o que fez Maria. No entanto, Marta, sua irmã, embora tivesse apreço por Jesus, estava mais preocupada com os afazeres domésticos e se aborreceu com a irmã que não a ajudava.

Daí a observação de Jesus. Poucas coisas, realmente, são necessárias, se nos contentarmos com o essencial. Dentre elas, uma é fundamental, capaz de dar significado às nossas vidas, sustentando-nos o equilíbrio e a paz, com pleno aproveitamento das horas. Está representada pelos valores espirituais, adquiridos com o cultivo das virtudes cristãs, como a caridade, o amor, a compaixão, o perdão, a tolerância.

Há muitas Martas pela vida, preocupadas com seus negócios, com sua profissão, com sua casa, com seus bens materiais, sem tempo para cuidar do Espírito.

Mesmo nas lides espíritas, onde jamais isso deveria acontecer, tendo em vista a clareza e a profundidade da mensagem codificada por Allan Kardec, muitos perdem tempo em busca do que lhes será tirado, em detrimento de valores que lhes enriqueceriam para sempre a existência. Vivem em função do homem efêmero, negligenciando o Espírito eterno.

Chamados a intelectualizar a matéria, deixam-se anestesiar por ela. Usam o corpo como adolescentes ao telefone. Bate-papos intermináveis para falar de *abobrinhas*, sinal ocupado para as convocações da vida em favor de sua edificação.

SOFTWARE PARA A ETERNIDADE

O instinto independe da inteligência?
Precisamente, não, por isso que o instinto é uma
espécie de inteligência. É uma inteligência sem ra-
ciocínio. Por ele é que todos os seres provêm às suas
necessidades.

Questão 73

Um dos inventos mais prodigiosos de nosso século é o computador, cada vez mais sofisticado, beneficiando todos os setores da atividade humana.

Minha sensação, quando comecei a usá-lo, aposentando velha máquina de escrever, foi de quem deixa uma carroça para usar moderno carro importado.

O computador está presente nos lares, nas comunicações, nos veículos, facilitando a vida, tornando-a mais confortável e segura. Há cálculos relacionados com a astronomia e viagens espaciais que demandariam meses. Hoje o computador os faz em horas. Os modelos mais possantes, em minutos.

No século XVI, o genial astrônomo alemão Johannes Kepler, levou quatro anos para calcular a órbita de Marte, uma elipse perfeita. Um computador faria os mesmos cálculos em quatro segundos.

- Só falta falar -, diz boquiaberto um usuário noviço.

Está enganado.

Já existem computadores que transformam os impulsos eletromagnéticos em voz humana sintetizada. Em processo inverso, atendem ao comando do operador.

∽

Curiosamente, não obstante os prodígios que realiza, o computador não tem nada de inteligente.

É até muito obtuso: só faz o que mandamos, segundo as características do *software*, seu sistema de rotinas e funções. Lembra o instinto, que é uma programação para os seres vivos, relacionada com conservação, reprodução, prole, hábitat, sociedade...

Nenhuma espécie animal precisa de orientação para o acasalamento. Podemos criar um cão sem jamais ter contato com qualquer animal. Quando o colocarmos junto a uma cadela no cio, ele exercitará o ato sexual instintivamente, sem dificuldade.

Aves migratórias viajam milhares de quilômetros em determinada época do ano fugindo dos climas frios ou buscando uma região para o acasalamento.

No período denominado piracema, grandes cardumes sobem os rios até as nascentes para desova, enfrentando predadores e corredeiras.

Quem orienta essas aves e peixes? Ninguém. Eles obedecem a um *software* inscrito em sua consciência embrionária e que, no momento oportuno, comanda suas ações, levando-os a fazer exatamente aquilo para o qual foram programados.

Em algumas espécies há o instinto gregário. Temos, por exemplo, a sociedade das abelhas, que faz a admiração dos entomologistas.

A colmeia é uma autêntica cidade, com notável senso de cidadania entre as abelhas. Todas têm uma função definida, as operárias, as guerreiras, a rainha... Há um conselho que decide quem é quem? Não. Apenas cumprem o *software* da espécie.

Uma característica comum entre as espécies é a imutabilidade relativa. Não muda ou a faz lentamente, como se a natureza houvesse elaborado para elas um programa especial, quase definitivo.

Exemplo : as baratas.

São fósseis vivos, porquanto vivem na Terra há milhões de anos. Desde que surgiram, têm a mesma tendência de se infiltrarem em vãos minúsculos e escuros, e de se nutrirem com restos de alimentos.

Mudou apenas o comportamento feminino em relação a esses Ortópteros onívoros. Nos primórdios da humanidade, na idade da pedra, as mulheres apreciavam as baratas como petiscos. Hoje sentem horror delas.

Essa ideia de relativa imutabilidade fica meio estranha para quem está familiarizado com Darwin.

Em *A Origem das Espécies*, o grande naturalista inglês proclama que todos os seres vivos passam por mutações. O aparecimento do Homem teria sido a culminância de um processo evolutivo que começou com organismos extremamente simples. Isso está suficientemente demonstrado, não é mera teoria.

Ocorre que a programação de cada espécie é

um segredo guardado na intimidade dos genes. Os Espíritos superiores que supervisionam a vida na Terra têm acesso a esse *painel de controle*. Ao longo de milhões de anos, alteram a programação de alguns indivíduos, promovendo mutações que culminam com o aparecimento de novas espécies, enquanto seus pares permanecem imutáveis, cumprindo o planejamento celeste.

A evolução não seria, assim, mera decorrência de uma seleção natural, como pretendia Darwin, ou uma questão de adaptação ao meio, como ensinava Lamarck.

Diga-se de passagem, que o Homem começa a entrar nessa câmara íntima onde está o *painel*. Já é capaz de interferir na intimidade dos genes. Pode assim, alterar características de uma espécie, e conseguirá criar novas espécies.

O problema está em suas motivações e competência. Ele não está interessado em colaborar com Deus. Cuida apenas de interesses imediatistas. Além disso, nesse terreno é uma espécie de aprendiz de feiticeiro, mexendo com forças que desconhece, e - o que é pior -, sem um princípio ético, respeito à natureza.

Costuma-se dizer que um dos problemas do

ser humano está em trazer resquícios de programações da animalidade inferior. É a minha natureza - diz o indivíduo agressivo, como se trouxesse algo do leão.

O irrequieto revela o temperamento dos macacos.

O indolente guarda a pachorra do bicho-preguiça.

O que se compra com a desgraça alheia lembra a risada sinistra da hiena.

Velha fábula, atribuída a Esopo, é bem ilustrativa. Um escorpião, desejando transpor largo rio, pediu à rã que o ajudasse:

- De modo algum. Você vai me picar e morro envenenada.

O rabo torto a tranquilizou.

- Seria um tolo se fizesse isso, porquanto eu também morreria. Não sei nadar.

Argumento lógico. A rã decidiu atendê-lo.

Quando estavam no meio do rio, o escorpião picou sua benfeitora, que surpreendida, já em agonia, reclamou:

- Que loucura, você me envenenou e agora vai morrer afogado!

- Desculpe. É a minha natureza...

Assim, poderiam explicar os homens suas atitudes inconsequentes, resquícios da animalidade primitiva.

Só há um detalhe. Uma pequena diferença: somos seres pensantes. Temos a capacidade de comandar nossas vidas. Age instintivamente, dando vazão a impulsos de animalidade inferior, aquele que não exercita a razão, recusando-se a distinguir o certo do errado, o que deve ou não fazer.

Diz o apóstolo Paulo na Primeira Epístola aos Coríntios:

Quando eu era menino, falava como menino, sentia como menino, pensava como menino; quando cheguei a ser homem, desisti das coisas próprias de menino.

É chegado o tempo de deixarmos o comportamento instintivo, próprio de nossa infância espiritual, e assumirmos a condição de seres pensantes, criados para o Bem e a Verdade, que compõem um software básico, um programa imutável instalado pelo Criador em nossa consciência.

Podemos ignorá-lo ou descumpri-lo, já que detemos o livre-arbítrio, mas sempre retornaremos a ele, após amargas frustrações, até que completemos as transformações íntimas que façam resplandecer nossa natureza espiritual como filhos de Deus.

AS RAZÕES DE DEUS

É acertado dizer-se que as faculdades instintivas diminuem à medida que crescem as intelectuais?

Não; o instinto existe sempre, mas o homem o despreza. O instinto também pode conduzir ao bem. Ele quase sempre nos guia e algumas vezes com mais segurança do que a razão. Nunca se transvia.

Questão 75

Assim como os irracionais, o ser humano também tem uma programação básica que se manifesta na forma de instintos, a conduzi-lo pelos caminhos da vida.

O instinto gregário, que lhe impõe a vida em sociedade.

O instinto do acasalamento, que favorece a constituição da família.

O instinto sexual, que sustenta a perpetuação da espécie.

O instinto de conservação, que o estimula a lutar pela sobrevivência.

Mas há no Homem, além dos instintos, algo que o distingue dos demais seres da criação: a inteligência, o pensamento contínuo, a capacidade de aprender, de acumular informações e tomar consciência de sua própria existência.

Com semelhantes conquistas, habilita-se a exercitar a razão, a avaliar situações e tomar decisões, desenvolvendo experiências a partir de suas próprias iniciativas nos domínios do livre-arbítrio.

∽

O problema é que o exercício da razão está subordinado à nossa compreensão, à maneira como vemos o Mundo.

Assim, de acordo com sua ótica, o indivíduo pode desenvolver ideias absurdas que julga racionais. É o caso da mulher grávida que tem desejo de comer sanduíche de sardinha. Para o marido, mero capricho. Para ela, algo imperioso. Afirma que se não o fizer, a criança poderá nascer com uma mancha na pele ou até apresentar uma configuração fisionômica a lembrar o pequeno peixe.

Embora lhe pareça uma grande tolice, é melhor o pai da criança atender a cara-metade, evitando que ela atravesse a gravidez atormentada pela ideia de que o filho venha a ser apelidado de sardinha.

$$\backsim$$

Curiosamente, um homem inteligente pode desenvolver argumentos contraditórios, estribando-se em raciocínios convincentes.

É bastante ilustrativo o exemplo de Emmanuel Kant, famoso filósofo alemão que, em seu ensaio *A Crítica da Razão Pura,* suprimia a existência de Deus.

Acontece que Kant tinha um velho criado que era muito religioso e se comovia até as lágrimas por ver seu amo com ideias iconoclastas.

O filósofo considerou:

- O pobre homem não será feliz sem um deus; e as pessoas devem ser felizes neste mundo. O bom-senso prático o exige.

Então, em homenagem ao criado, escreveu a *Crítica da Razão Prática,* que reinstalava Deus no Universo.

$$\backsim$$

Lamente-se que Kant não tenha usado sua habilidade filosófica para escrever uma crítica da razão pervertida, demonstrando como sentimentos inferiores podem induzir o homem a seguir por tortuosos caminhos, em descaradas racionalizações.

Para os romanos, era de boa lógica torrar os cristãos na fogueira ou transformá-los em comida de leão. O Cristianismo incomodava. E unia-se o útil ao agradável. O povo precisava de diversão. Os cristãos eram instrumentos ideais. Não reagiam, morriam entoando cânticos de louvor. Um espetáculo magnífico.

Para os inquisidores da Idade Média, era razoável encaminhar para a fogueira pensadores que semeavam dúvidas sobre os dogmas religiosos. O castigo exemplar manteria aquietados os atrevidos homens de ciência que ousavam contestar a fé.

A revolução francesa, contrapondo-se ao absolutismo monárquico, pregava a liberdade, a igualdade e a fraternidade entre os homens, entronizando a deusa razão no lugar da religião. No entanto, revelando uma visão distorcida desses princípios, seus líderes mandavam para a guilhotina, sem nenhuma fraternidade, os que exercitavam a liberdade de criticar-lhes os desmandos.

Diz, significativamente, Manon Roland, uma de suas vítimas:

- Oh, liberdade, quantos crimes se cometem em teu nome!

❦

Em nome da razão, grupos ativistas e pensadores têm procurado justificar ideias que contrariam frontalmente elementares princípios da Lei Natural.

O suicídio, por exemplo. É a negação do instinto de conservação, que sustenta a vontade de viver. Instintivamente, sentimos que é preciso enfrentar os problemas da vida. No entanto, Arthur Schopenhauer, apologista do pessimismo, elaborava sofisticados raciocínios para justificá-lo.

A vida, segundo ele, é sinônimo de sofrimento. Melhor morrer. Certa feita falava sobre o assunto a um grupo de alunos, quando um deles lhe perguntou:

- Mestre, se o senhor ensina que suprimindo a vontade de viver nos libertamos da dor, por que ainda não se matou?

O filósofo justificou:

-Se eu morrer, quem vai encorajá-los ao suicídio?

❦

Em nome da razão, fala-se da legalização do

aborto no Brasil. Em nosso país, são realizados perto de três milhões de abortos clandestinos por ano. Os responsáveis por essa ação são pessoas não habilitadas, sem condições de assepsia, sem higiene, sem cuidados essenciais, principalmente de classe pobre. Há sérios riscos para a mulher, envolvendo particularmente infecções que podem levar à morte.

Em nome da razão, muita gente defende a pena de morte. Afirma-se que a sociedade não deve assumir encargo de alimentar delinqüentes, e que sua morte serviria para inibir o comportamento criminoso.

Em nome da razão, há quem recomende a eutanásia. Seria um ato de misericórdia para pacientes terminais que estão sofrendo muito. Imperioso abreviar seus padecimentos.

∽

Enquanto a razão for exercitada a partir de uma visão estreita da existência humana, veremos as pessoas enveredando por tortuosas ideias fantasiadas de racionalidade.

A grande contribuição que o Espiritismo nos oferece, neste particular, capaz de iluminar a razão, dando-nos condições para trilhar caminhos mais acertados, é a visão do Mundo Espiritual, com o conhecimento do inter-relacionamento entre Espíritos encarnados e desencarnados, e as consequências das ações humanas. Isso nos leva a uma imperiosa retificação de conceitos.

O suicídio é um ato de fuga, uma porta falsa que desemboca em abismos de sofrimento. O suicida colhe, de imediato, a decepção de constatar que não morreu. Após sofrer tormentos inenarráveis na Espiritualidade, reencarnará para enfrentar, em regime de débito agravado, as situações de que pretendeu fugir.

O aborto é um assassinato intrauterino. O embrião não é uma promessa de vida, mas uma vida em desenvolvimento, com a presença de um Espírito iniciando a reencarnação. Não raro é alguém que veio para reajustes em relação à futura mãe e que, expulso do ventre materno, poderá se voltar contra ela, originando complexos quadros obsessivos. Além disso, a mulher que pratica o aborto provoca lesões em seu perispírito que, mais cedo ou mais tarde, se refletirão no corpo físico, originando disfunções variadas como esterilidade, infecções renitentes, tumores, frigidez...

A pena de morte elimina o homem criminoso, mas também libera o criminoso espiritual, com a vantagem da invisibilidade. Ele passa a assediar pessoas com tendências ao crime, perpetuando a violência.

A eutanásia, além de subtrair dores depuradoras, situa o paciente em posição de perplexidade e turvamento mental que retarda sua readaptação à vida espiritual.

Com o Espiritismo, superamos a visão estreita do homem perecível e atingimos a visão ampla do Espírito imortal, com o que iluminamos o entendimento para que nossas razões, no exercício da inteligência, sejam sempre as razões de Deus, no cumprimento de Sua vontade soberana , edificando o futuro de bênçãos.

LIVRE-NOS DEUS

Por que nem sempre é guia infalível a razão?
Seria infalível se não fosse falseada pela má edu-
cação, pelo orgulho e pelo egoísmo. O instinto não
raciocina; a razão permite a escolha e dá ao homem o
livre-arbítrio.

Questão 75-a

Qualquer estudante de sociologia sabe que a família é a célula principal da sociedade. Sua influência é decisiva na formação do indivíduo. Desajustes de comportamento costumam envolver lares desajustados.

Desequilíbrios emocionais, vícios, violências, cada vez mais frequentes no relacionamento social guardam, quase sempre, uma história de agressividade, desrespeito e falta de amor no lar.

❧

Raros escapam aos condicionamentos do

ambiente em que se situam nos primeiros anos de vida. No lar está a maior influência. É ali que o indivíduo passa a maior parte de seu tempo durante a infância.

Estudos de comportamento demonstram que, se a criança não é abraçada com freqüência, será um adulto incapaz de acariciar.

Se não é amada, experimentará problemas para exercitar amor.

Se cresce em ambiente de palavrões, tenderá ao exercício de uma linguagem obscena.

Se os pais se agridem física e verbalmente, terá dificuldade para superar divergências com ponderação.

O maior problema do relacionamento familiar é a razão de cada um: a maneira de ver as coisas sob a ótica de suas imperfeições, gerando atritos entre o homem e a mulher, pais e filhos, irmãos e irmãs.

Diz a esposa, enfezada:

- Meu marido é doutor em tudo. Está sempre certo. Não admite contestações.

Enfatiza o marido:

- Minha mulher é muito impertinente. Gosta de confusão. Faz tempestade em copo d'água.

Reclama o filho:

- Os coroas são uns quadrados. Estão totalmente por fora e querem governar minha vida.

Se todos os membros do grupo familiar julgam-se donos da verdade, fica difícil sustentar uma convivência saudável. A pretensão de superioridade azeda qualquer relacionamento e desagrega a família.

Por isso Teresa D'Avila ensinava:

Toda pessoa que quer ser perfeita, fuja mil vezes de dizer; eu tinha razão, fizeram-me uma injustiça, não teve razão quem fez isso.

E acentuava:

De más razões livre-nos Deus.

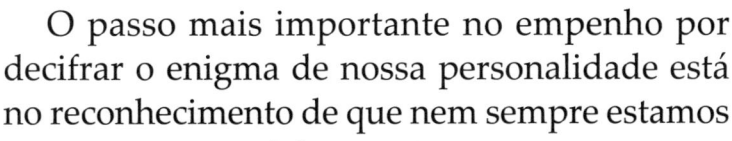

O passo mais importante no empenho por decifrar o enigma de nossa personalidade está no reconhecimento de que nem sempre estamos certos em nossos julgamentos.

Ao admitir que não somos infalíveis, habilitamo-nos a maravilhosas iniciativas que põem água na fervura dos desentendimentos.

Há expressões mágicas em favor à harmonia doméstica:

- Cometi um erro.
- Você tem razão.

- Fui indelicado.
- Peço perdão.
- Prometo mudar.

Parece simples, não é mesmo, caro leitor?

Puro engano.

Quando foi a última vez que pedimos desculpas ao cônjuge, ao filho, ao genitor por uma palavra ou um gesto desrespeitoso?

Há pessoas que jamais o fazem.

Por quê?

Porque as medidas de nossos raciocínios no exercício da razão chamam-se orgulho, egoísmo, inspirando-nos a olímpica ideia de que estamos sempre certos, com a prerrogativa de dizer a última palavra.

∽

Falta, talvez, um pouco de amor para iluminar o relacionamento afetivo e nos inspirar raciocínios menos egocêntricos.

Alguém diz:

- Amo minha esposa e meus filhos. No entanto, vivemos às turras.

Ocorre que amar é algo subjetivo. Não vale grande coisa se não é expresso em ações.

Conta o escritor Tom Anderson que certa feita ouviu alguém dizer que o amor deve ser exercitado como um ato da vontade. Uma pessoa pode demonstrar amor através de gestos bem simples.

Aquilo o impressionou.

Admitiu que vinha sendo egoísta e que o amor familiar havia sido obscurecido por sua insensibilidade. Não que vivesse mal, mas poderiam melhorar muito o relacionamento afetivo se, por exemplo, parasse de repreender sua esposa Evelyn e os filhos; se não ligasse a televisão no canal de seu interesse, contrariando as expectativas do grupo familiar; se deixasse de se concentrar na leitura do jornal, sem dar atenção aos familiares.

Resolveu fazer uma experiência. Durante as férias de duas semanas, em que estariam juntos na praia, faria tudo para ser um marido e um pai carinhoso.

Logo de saída beijou a esposa e disse:

- Esse suéter amarelo fica muito bem em você.

Feliz e surpresa a esposa suspirou:

- Oh! querido, você reparou!

Logo que chegaram à praia, Tom pensou em descansar. Mas a esposa sugeriu que dessem um passeio pelas imediações, andando junto ao mar.

Ia recusar, mas lembrou a promessa que fizera a si mesmo. Foi com ela, enquanto os garotos brincavam empinando papagaios.

No dia seguinte, Evelyn o convidou para visitar o museu das conchas. Tom confessa que sempre detestou museus. Mas aceitou de boa vontade, surpreendendo-se depois ao constatar que havia gostado do passeio.

Numa das noites, não reclamou quando a esposa demorou em se aprontar e chegaram tarde a um jantar programado.

Assim passaram-se doze dias, que Tom considerou muito felizes. Prometeu a si mesmo que continuaria com a disposição de expressar amor.

Na última noite, quando se preparavam para dormir, Evelyn estava muito triste:

- Que há, meu bem? Algum problema?

- Tom - disse com voz hesitante -, você sabe de alguma coisa que ignoro?

- Por que pergunta isso?

- Bem, fiz aqueles exames rotineiros há duas semanas. Segundo o médico estava tudo bem. Disse algo diferente para você?

- Não querida, não disse nada. Está tudo ótimo. Por quê?

- É que está sendo tão bom para mim que imaginei estar com uma grave doença, que ia morrer...

- Não, querida -, respondeu Tom sorrindo. Você não está morrendo. Eu é que estou começando a viver.

Diz Pascal que o coração tem razões que a própria razão desconhece. Poderíamos interpretar de várias formas suas palavras. Fundamentalmente, diríamos que toda a razão do mundo está num coração capaz de demonstrar amor.

BIBLIOGRAFIA DO AUTOR

01 – PARA VIVER A GRANDE MENSAGEM *1969*

Crônicas e histórias.

Ênfase para o tema Mediunidade.

Editora: FEB

02 – TEMAS DE HOJE, PROBLEMAS DE SEMPRE 1973

Assuntos de atualidade.

Editora: Correio Fraterno do ABC

03 – A VOZ DO MONTE 1980

Comentários sobre "O Sermão da Montanha".

Editora: FEB

04 – ATRAVESSANDO A RUA 1985

Histórias.

Editora: IDE

05 – EM BUSCA DO HOMEM NOVO 1986

Parceria com Sérgio Lourenço

e Therezinha Oliveira.

Comentários evangélicos e temas de atualidade.

Editora: EME

06 – ENDEREÇO CERTO *1987*

Histórias.

Editora: IDE

07 – QUEM TEM MEDO DA MORTE?   *1987*
Noções sobre a morte e a vida espiritual.
Editora: CEAC

08 – A CONSTITUIÇÃO DIVINA   *1988*
Comentários em torno de "As Leis Morais",
3ª parte de O Livro dos Espíritos.
Editora: CEAC

09 – UMA RAZÃO PARA VIVER   1989
Iniciação espírita.
Editora: CEAC

10 – UM JEITO DE SER FELIZ   1990
Comentários em torno de
"Esperanças e Consolações",
4ª parte de O Livro dos Espíritos.
Editora: CEAC

11 – ENCONTROS E DESENCONTROS   1991
Histórias.
Editora: CEAC

12 – QUEM TEM MEDO DOS ESPÍRITOS?   1992
Comentários em torno de "Do Mundo Espírita e
dos Espíritos", 2ª parte de O Livro dos Espíritos.
Editora: CEAC

13 – A FORÇA DAS IDEIAS   1993
Pinga-fogo literário sobre temas de atualidade.
Editora: O Clarim

14 – QUEM TEM MEDO DA OBSESSÃO? 1993
Estudo sobre influências espirituais.
Editora: CEAC

15 – VIVER EM PLENITUDE 1994
Comentários em torno de "Do Mundo Espírita e dos Espíritos", 2ª parte de O Livro dos Espíritos.
Sequência de Quem Tem Medo dos Espíritos?
Editora: CEAC

16 – VENCENDO A MORTE E A OBSESSÃO 1994
Composto a partir dos textos de Quem Tem Medo da Morte? *e* Quem Tem Medo da Obsessão?
Editora: Pensamento

17 – TEMPO DE DESPERTAR 1995
Dissertações e histórias sobre temas de atualidade.
Editora: FEESP

18 – NÃO PISE NA BOLA 1995
Bate-papo com jovens.
Editora: O Clarim

19 – A PRESENÇA DE DEUS 1995
Comentários em torno de "Das Causas Primárias", 1ª parte de O Livro dos Espíritos.
Editora: CEAC

20 – FUGINDO DA PRISÃO 1996
Roteiro para a liberdade interior.
Editora: CEAC

21 – O VASO DE PORCELANA *1996*

Romance sobre problemas existenciais, envolvendo
família, namoro, casamento, obsessão, paixões...
Editora: CEAC

22 – O CÉU AO NOSSO ALCANCE 1997

Histórias sobre "O Sermão da Montanha".
Editora: CEAC

23 – PAZ NA TERRA 1997

Vida de Jesus – nascimento ao início do apostolado.
Editora: CEAC

24– ESPIRITISMO, UMA NOVA ERA 1998

Iniciação Espírita.
Editora: FEB

25 – O DESTINO EM SUAS MÃOS 1998

Histórias e dissertações sobre temas de atualidade.
Editora: CEAC

26 – LEVANTA-TE! 1999

Vida de Jesus – primeiro ano de apostolado.
Editora: CEAC

27 – LUZES NO CAMINHO 1999

Histórias da História, à luz do Espiritismo.
Editora: CEAC

35 – ABAIXO A DEPRESSÃO! 2003

Profilaxia dos estados depressivos.

Editora: CEAC

36 – HISTÓRIAS QUE TRAZEM FELICIDADE 2004

Parábolas evangélicas, à luz do Espiritismo.

Editora: CEAC

37 – ESPIRITISMO, TUDO O QUE 2004
VOCÊ PRECISA SABER

Perguntas e respostas sobre a Doutrina Espírita.

Editora: CEAC

38 – MAIS HISTÓRIAS QUE TRAZEM FELICIDADE 2005

Parábolas evangélicas, à luz do Espiritismo.

Editora: CEAC

39 – RINDO E REFLETINDO COM CHICO XAVIER 2005

Reflexões em torno de frases e episódios
bem-humorados do grande médium.

Editora: CEAC

40 – SUICÍDIO, TUDO O QUE 2006
VOCÊ PRECISA SABER

Noções da Doutrina Espírita sobre a problemática
do suicídio.

Editora: CEAC

41 – RINDO E REFLETINDO COM CHICO XAVIER 2006

Volume II

*Reflexões em torn de frases e episódios bem-humorados
do grande médium.*

Editora: CEAC

42 – TRINTA SEGUNDOS 2007

Temas de atualidade em breves diálogos.

Editora: CEAC

43 – RINDO E REFLETINDO COM A HISTÓRIA 2007

*Reflexões em torno da personalidade de figuras
ilustres e acontecimentos importantes da História.*

Editora: CEAC

44 – O CLAMOR DAS ALMAS 2007

Histórias e dissertações doutrinárias.

Editora: CEAC

45 – MUDANÇA DE RUMO 2008

Romance.

Editora: CEAC

46 – DÚVIDAS E IMPERTINÊNCIAS 2008

Perguntas e respostas.

Editora: CEAC